LA LITTÉRATURE
ET SES TECHNOCRATIES

DANS LA MÊME COLLECTION

COLLECTION « SYNTHÈSES CONTEMPORAINES »
dirigée par Michel Ragon

LA LITTÉRATURE
ET SES TECHNOCRATIES

par Georges MOUNIN

CASTERMAN

DU MÊME AUTEUR

Avez-vous lu Char? N.R.F., 1946, coll. « Les Essais », XXII.
Les Belles Infidèles, Essai sur la traduction, Cahiers du Sud, 1955.
Machiavel, Club Français du Livre, 1958.
Savonarole, Club Français du Livre, 1960.
Poésie et société, Presses Universitaires de France, 1962.
Les Problèmes théoriques de la traduction, N.R.F., 1963.
La Machine à traduire, La Haye, Mouton, 1964.
Machiavel, Presses Universitaires de France, 1964.
Lyrisme de Dante, Presses Universitaires de France, 1965.
Teoria e storia della traduzione, Turin, Einaudi, 1965. Traduction allemande, Munich, Nymphenburger, 1968.
Histoire de la linguistique..., Presses Universitaires de France, 1967, Traduction espagnole, Madrid, Editorial Gredos, 1968.
Saussure, Seghers, coll. « Philosophes de tous les Temps », 1968.
La Communication poétique, Gallimard, 1969.
Introduction à la sémiologie, Editions de Minuit, 1970.
La Nouvelle Poésie française (12), Librairie Saint-Germain-des-Prés, 1970.
Clefs pour la sémantique, Seghers, 1972.
La linguistique du XXᵉ siècle, P.U.F., 1972.
L'agrammatisme (en collaboration avec les Prof. F. Lhermitte et R. Tissot), Bruxelles, Dessart, 1973.
Linguistique et philosophie, P.U.F., 1975.
Linguistique et traduction, Bruxelles, Dessart, 1976.

ISBN 2-203-23163-7

AVANT-PROPOS

Tous les gens qui parlent aujourd'hui, souvent avec fougue et toujours avec conviction, de tous les conditionnements qui nous accablent, oublient qu'ils sont eux-mêmes conditionnés. Toujours. L'exemple d'Illich, partant en guerre dans *La Société sans école* et aboutissant, comme modèle d'école sans institution c'est-à-dire sans oppression, à une immense couveuse intellectuelle alimentée — comme pour les veaux élevés en batterie — par une distribution du savoir obtenue du plus gigantesque réseau d'ordinateurs jamais imaginé, cet exemple reste parlant. Illich ne s'est pas demandé qui mettrait quoi dans les ordinateurs, ni qui posséderait les ordinateurs de la société sans école. Le plus grand fabricant mondial, même s'il avait cherché ou fait chercher pendant dix ans, n'aurait pas pu trouver une publicité aussi talentueusement et aussi subtilement clandestine. Personne ne s'en est aperçu.

La littérature et les théories actuelles sur la littérature se trouvent souvent, si l'on y pense, dans le même cas. On nommerait difficilement un écrivain de valeur qui ne s'insurge pas, ou ne se lamente pas, d'une manière ou d'une autre, contre notre type de société de consommation gouvernée par des technocrates qui..., infestée par des technologies que... Mais ils vivent tous dans un bain d'idéologie nourri de modèles technologiques et de modèles technocratiques qui jouissent d'un prestige sociologique invisible parce qu'omniprésent comme l'air que nous respirons. Surtout peut-être en France, à cause de notre tradition propre.

A leur insu, les écrivains sont donc profondément conditionnés dans leur imagination créatrice elle-même. Ce n'est sans doute pas un accident si le formalisme russe des années 1910-1930 explose et prolifère et triomphe après 1955-1965. En réduisant la littérature à ses techniques — formalismes, structuralismes *superficiels* en tous genres — ils ne sentent pas qu'ils sont conditionnés, qu'ils sont indélébilement « d'époque » (Lucien Goldmann triomphe ici, à titre posthume). Ils confondent production, ou construction, ou structuration, avec création. La fabrication des formes — qui est un moyen — ils l'érigent en fin. On nous propose la contemplation des technologies fabricatrices, tandis que la littérature vise à créer des objets

7

qui produisent en nous des émotions — c'est-à-dire des plaisirs et des joies — esthétiques. Le poète, dit René Char, a plus besoin d'être échauffé que d'être instruit. C'est vrai pour le lecteur aussi, surtout quand « l'instruction » du lecteur ne produit aucune chaleur, aucun plaisir — sinon le plaisir intellectuel très latéral de comprendre comment c'est fait.

C'est certes un des deux pôles entre lesquels oscille depuis fort longtemps la réflexion sur la littérature. A des époques qui privilégient l'effusion lyrique ou l'illusion lyrique sur les œuvres s'opposent des périodes qui privilégient l'examen rigoureux des techniques de production, jusqu'à l'excès contraire. Ce sont les époques rhétoriques, où l'on remplace l'admiration pour les œuvres par l'admiration pour l'application des règles (des formes, des structures) qui produisent (ou qu'on croit qui produisent) les œuvres. Ainsi Hegel, à qui Renan emboîtait le pas, croyait déjà que la compréhension tout intellectuelle des œuvres allait remplacer la contemplation (et le plaisir) des chefs-d'œuvre. Mais si les créateurs actuels observaient un peu la chronologie longue en littérature, ils s'apercevraient — rude leçon — de ce qui surnage de ces époques technocratiques de la littérature, les Grands Rhétoriqueurs, les petits Précieux, tout le XVIIIe siècle poétique. On se demande, alors, ce qui pourra bien survivre, dans cent ans, de tant d'écrivains qui ont cru créer (jamais le mot créativité, inventé par les vendeurs, n'a eu tant de prestige) et qui n'ont fait que fabriquer. L'histoire, que les structuralismes littéraires (superficiels) n'aiment pas, devrait leur donner froid dans le dos.

Les limites du culte des technologies littéraires, hypostasiées en idoles littéraires, ont pourtant été magnifiquement illustrées par un courant bien connu, et méconnu dans sa signification profonde : celui qui est représenté par le Collège de Pataphysique et l'Ouvroir de Littérature Potentielle. Queneau, Le Lionnais et leurs complices ont accompli une œuvre dévastatrice : ils montrent l'aboutissement du culte de la structure pour la structure, des règles pour les règles. Mais on a préféré les lire comme des amuseurs marginaux, des jongleurs virtuoses — alors qu'ils offraient, avec bonne humeur, une caricature impitoyable aux théories du texte comme production du texte, et montraient que « ça peut être fait par n'importe qui » ; tandis que n'importe qui ne peut pas écrire, même avec toutes les recettes techniques qui en sont déduites, *Le Manteau* de Gogol, ou *La Guerre et la paix,* ni *La Dame de carreau* d'Eluard, ni *Les Fruits d'Or* de Nathalie Sarraute. Le seul produit logique des technocrates de la production du texte, quelques chercheurs seulement l'ont bien vu, c'est le pastiche (celui des autres d'abord, celui de soi-même souvent ensuite). Mais l'*Oulipo* — qui démontrait avec éclat que l'usage ludique du langage ne peut pas être confondu avec l'usage esthétique ou poétique de celui-ci — n'a pas retenu l'attention comme il aurait dû.

Toutefois, comme tous les conditionnements sont soumis à la mode, on commence à percevoir des indices nets de lassitude, sinon encore de mise en cause franchement critique, à l'égard des technocraties actuelles de la littérature. Plus que dans le peu d'entrain des lecteurs (qui vont chercher depuis vingt-cinq ans dans les œuvres étrangères ce qu'ils ne trouvent pas assez chez nous), c'est surtout dans le journalisme — pourtant si souvent critiqué — qu'on sent ce qui est en train de changer. Les comptes rendus des ouvrages, toujours informatifs, ne vont plus sans un coup d'œil complice au lecteur. La crainte révérentielle et le tremblement sacré devant les arcanes du Texte avec un grand T sont de moins en moins de mise. Les critiques, avec discrétion souvent, avec fermeté parfois, commencent à prendre leurs distances. On cite avec ironie, on persifle déjà même. En bref, le journalisme ici fait bien son métier ; à sa façon, il a perçu, et il nous en informe, que les technocraties de la littérature semblent être entrées dans leur phase déclinante. Les intéressés risquent d'être comme toujours les derniers à s'en rendre compte. On entre dans la mode avec fracas, on en sort sur la pointe des pieds.

9

PREMIÈRE PARTIE

LECTURES THÉORIQUES

I

LES « FONCTIONS » DU LANGAGE

L'idée que le langage effectue des types d'opérations sensiblement différents les uns des autres est familière aux grammairiens depuis les Grecs. Protagoras distinguait l'interrogation, la réponse et l'ordre. Aristote et les Stoïciens multiplient les catégories, mais privilégient toujours l'énonciation, l'ordre, le souhait. Ces distinctions n'ont jamais été perdues ; la grammaire de Port-Royal, par exemple, tendue vers sa démonstration que l'usage principal du verbe est l'assertion logique, est trop nourrie d'Antiquité pour ne pas rappeler qu'il peut aussi exprimer le désir, l'ordre et la prière. La linguistique jusqu'à la fin du XIXᵉ siècle a recueilli cet héritage.

Mais cette transmission pure et simple d'une observation grammaticale n'explique pas l'importance qu'a prise l'analyse des « fonctions » du langage aux environs de 1930. En fait, depuis Protagoras, il s'agissait surtout de déterminer des types de phrases, dans un embryon de syntaxe descriptive. Au temps d'Hermann Paul et de Wundt, et jusqu'à Bühler, il s'agit d'investigations sur les aspects psychologiques du langage. Pour les linguistes d'après 1930, il s'agit d'un problème proprement linguistique. L'intérêt manifesté à quelque chose qu'on appelle maintenant les fonctions du langage (et non plus les types de phrases, ou les modes de signification) provient de ce fait : à travers le développement de la phonologie, on a pu fournir la démonstration scientifique que la fonction *centrale* du langage était sa fonction de communication et non pas, comme le répétaient presque toutes les définitions antérieures, sa fonction d'expression de la pensée.

Les premiers linguistes qui avaient eu l'intuition de cette définition du langage, Whitney, Schuchardt, Sapir, n'en avaient pas donné vraiment la preuve linguistique. Ceux qui apportent cette preuve dans les années 1930, avec Troubetzkoy, ne parlaient pas encore explicitement de fonction de communication. Mais la théorie des fonctions du langage prenait toute son importance pour des raisons linguistiques : afin d'analyser correctement la fonction distinctive des unités du langage (base de toute définition du langage comme instrument de communication), on cherchait à la distinguer des autres fonctions du langage, donc à isoler et définir aussi ces dernières.

Troubetzkoy fait le premier pas. Mais sa théorie des fonctions est encore celle de Bühler qu'il cite et loue expressément[1]. Il distingue une fonction représentative, par où le locuteur vise à produire chez l'auditeur « une représentation de l'état de choses, objet de l'entretien » ; une fonction expressive, par où le locuteur fournit sur lui-même une foule de symptômes, son âge, son sexe, son état de santé, voire sa corpulence, son état psychologique du moment, son origine géographique ou sociale ; une fonction appellative, enfin, par où le locuteur cherche à provoquer chez l'auditeur des sentiments déterminés.

« Tout ce qui dans le discours permet de caractériser le sujet parlant, dit-il, remplit une fonction expressive. » Mais il écarte aussitôt tous les symptômes qui résultent de manifestations naturelles : biologiques, physiologiques ou psychologiques (le bégaiement d'émotion par exemple, fait universel, dont la signification est interprétée, quelle que soit la langue, par l'expérience psychologique de l'auditeur, et non par sa connaissance linguistique). Il assigne à la linguistique la seule étude des procédés expressifs qui sont « conventionnels », comme l'allongement de l'initiale en allemand (*schamlos*, prononcé [š : a : mlos] et non [šamlos]) « éhonté, impudique », parce que ces procédés, employés intentionnellement, ont une fonction de signaux linguistiques dans cette langue. Il aperçoit la difficulté qu'on éprouve à tracer des frontières entre symptômes expressifs naturels et signaux conventionnels phonologiques expressifs ; il voit aussi « qu'il n'est pas toujours facile de distinguer les procédés appellatifs des procédés expressifs » : par exemple, suivant *le Paradoxe du comédien* cher à Diderot, le comédien qui joue à froid l'hypocrite et le menteur n'utiliserait que la fonction appellative ; tandis que le comédien qui joue à chaud, dans les mêmes chaînes parlées, utiliserait les deux, sa propre émotion manifestée cherchant aussi à déclencher par contagion celle des spectateurs. Troubetzkoy conclut sur « la disproportion » des rôles respectifs de ces trois fonctions dans le domaine du langage, les deux dernières

---

1. N. S. Troubetzkoy, *Principes de phonologie*, Paris, 1949, p. 16.

étant reléguées par lui hors de la phonologie, dans une stylistique phonologique. Ces quatorze pages consacrées par Troubetzkoy aux fonctions différenciées du langage restent le point de départ de toute réflexion linguistique sur ce problème. Bien que, concernant la fonction représentative, ses formulations psychologistes n'aient pas explicitement marqué le rapport entre la fonction distinctive des unités linguistiques et une fonction communicative du langage, c'est pour opérer scientifiquement l'analyse des unités distinctives qu'il se trouve amené à mettre en relief une théorie des fonctions du langage qui ne l'intéresse pas en tant que telle — pour éliminer certains traits phoniques propres aux fonctions appellative et expressive, traits dont la prise en considération fausserait ou compliquerait inutilement l'analyse proprement phonologique. (Il faudrait distinguer en allemantd un /š :/ d'un /š/, puisque l'allongement a une valeur apparemment distinctive, pour opposer /šamlos/ dit sur un ton neutre, à /š :ä : mlos/ dit sur un ton indigné).

Révész, dans les années 1939-1942, avait repris en le critiquant le schéma de Bühler, auquel il reproche ses fluctuations terminologiques, et le flou de son point de départ psychologique[2]. Lui-même est loin d'être limpide, il ne propose pas moins de six définitions successives du langage[3]. D'une part, il parle expressément des trois fonctions du langage, l'impérative (commander, etc.) l'indicative (signaler, etc.) et l'interrogative (questionner)[4]. Mais, d'autre part, ses définitions du langage présentent celui-ci toujours comme un outil servant à la compréhension réciproque, à l'organisation raisonnée de la perception, à l'élaboration de la pensée, à l'introspection, à l'expression des sentiments, à la formation d'exigences, de vœux, à l'exposition de faits, à l'interrogation en vue de la communication[5], et aussi à la transmission des expériences esthétiques[6]. Il insiste, l'un des premiers après Whitney, sur le fait que « la fonction fondamentale du langage est [...] la communication, [...] la compréhension mutuelle »[7] (cf. aussi : « pour les linguistes, ce but n'est pas seule-

---

2. G. RÉVÉSZ, *Origine et préhistoire du langage*, Paris, 1950, pp. 112, 114.
3. *Op. cit.*, pp. 22, 23, 108, 110, 128, 130.
4. *Ibid*, pp. 115, 116, 120, 127.
5. *Ibid*, pp. 108, 110, 128, 130.
6. *Ibid.*, p. 107.
7. *Ibid.*, pp. 22-23.

ment tenu comme le plus ancien et le plus important, mais tout simplement comme l'unique objet »[8]).

Dans les mêmes années (1943), Buyssens élabore une théorie des fonctions du langage dans le cadre de la première sémiologie tentée à partir de Saussure. Il privilégie la fonction de communication du langage (qu'il oppose — par référence à Coleman — à la fonction d'élaboration de la pensée). Il élimine de l'analyse linguistique tout ce qui n'est pas justiciable d'une intention de communiquer. « Exprimer une émotion n'est pas communiquer », affirme-t-il ; et aussi : « Aux faits de communication s'ajoute une part de manifestation involontaire [...]. Notre prononciation révèle souvent le milieu où nous sommes nés. » Enfin : « L'art est appelé couramment un langage. Mais il y a lieu de faire ici une distinction fondamentale [...]. L'art ne répond pas à une nécessité sociale, comme le fait la parole. L'art répond au besoin de manifester, d'extérioriser les sentiments esthétiques [...]. L'art se révèle après coup comme une possibilité de communiquer une émotion »[9]. A côté de cette théorie, Buyssens continue de faire écho à l'analyse traditionnelle, qu'il appelle des modes fondamentaux de l'information : « informer, interroger, enjoindre, interpeller »[10].

On retrouve d'ailleurs cette même forme d'analyse chez Benveniste, liée aux « modalités de la phrase » : « On reconnaît partout, écrit-il, qu'il y a des propositions assertives, des propositions interrogatives, des propositions impératives, distinguées par des traits spécifiques de syntaxe et de grammaire [...]. Ces trois modalités ne font que refléter les trois comportements fondamentaux de l'homme parlant et agissant par le discours sur son interlocuteur : il veut lui transmettre un élément de connaissance, ou obtenir de lui une information, ou lui intimer un ordre. Ce sont les trois fonctions interhumaines du discours qui s'impriment dans les trois modalités de l'unité de phrase, chacune correspondant à une attitude du locuteur »[11]. Plus récemment, Prieto pose que « transmettre un message,

---

8. *Ibid.*, p. 104 ; également pp. 128-129.
9. E. Buyssens, *Les Langages et le discours*, Bruxelles, 1943, pp. 9-14.
10. *Ibid.*, p. 11.
11. E. Benveniste, *Preprints of Paper for the IXth C, I.L.*, Cambridge, Mass., 1962, p. 497.

16

cela veut dire établir un des rapports sociaux qu'on appelle *informa-tion, interrogation* ou *ordre* »[12].

Un autre type de réflexion avait conduit aussi vers une théorie des fonctions du langage. Le point de départ en est chez Whitney, lorsqu'il répète que « le langage [...] existe [...] non seulement en partie, mais avant tout, comme un moyen de communication entre les hommes »[13] : communication des idées, ajoute-t-il, mais aussi des sentiments[14]. Chez Bally, l'exploitation de la dichotomie saussurienne entre langue et parole suscite, sous le nom de stylistique, la naissance d'une opposition de même nature entre « le côté intellectuel et logique des faits de langage » et les « aspects affectifs » du langage[15] — sans que le mot de fonction soit jamais prononcé d'une part, et sans que l'auteur, d'autre part, aboutisse à séparer catégoriquement l'aspect affectif de l'aspect esthétique du langage (*op. cit.* pp. 179, 182). Sapir définit le langage comme « un moyen de communication purement humain et non instinctif [...] par l'intermédiaire d'un système de symboles sciemment créés », mais il spécifie que ce moyen de communication sert « pour les idées, les émotions et les désirs »[16]. Dans une page importante à sa date (1922), il essaie de départager ce qu'il ne nomme pas encore, lui non plus, les fonctions du langage[17]. Il évoque aussi la nécessité de ne pas confondre, et la difficulté de distinguer, fonction expressive et fonction esthétique du langage, quand il écrit : « Lorsque cette représentation symbolique de notre pensée, qui est le langage, prend une forme plus délicatement expressive que de coutume, nous l'appelons littérature. » Et il ajoute aussitôt : « Je ne puis m'attarder à définir ce qu'est *une forme plus délicatement expressive* qui mérite d'être appelée littérature ou art ; et, qui plus est, je ne sais pas exactement ce qu'il en est. Il faut admettre a priori ce mot de littérature »[18].

La tradition américaine ultérieure, en recourant à l'explication behavioriste, semble réduire le langage à son unique fonction de communication, mise en évidence par le comportement-réponse ;

---

12. L. J. PRIETO, *Messages et signaux*, Paris, 1966, p. 9.
13. W. P. WHITNEY, *La Vie du langage*, Paris, 1880, pp. 124, 162, 130, 232-244.
14. *Ibid.*, pp. 182, 233.
15. CH. BALLY, *Traité de stylistique française*, Paris, 1930, pp. 156, 1, 7, 16, 117.
16. E. SAPIR, *Le Langage*, Paris, 1953, p.16.
17. *Ibid.*, pp. 42-43.
18. *Ibid.*, p. 206.

mais elle n'élimine pas les concepts attachés aux àutres fonctions. Chez Bloomfield, la distinction entre fonction de communication et fonction expressive réapparaît sous la forme des problèmes posés par la présence dans le signe linguistique, à côté de sa *dénotation*, de valeurs supplémentaires de signification, qu'il appelle *connotations*, lesquelles recouvrent largement tout ce qui dans le discours permet de caractériser le locuteur[19]. Chez Morris même, sous le nom de modes de la signification, réapparaissent des composantes désignative, appréciative, et prescriptive du langage (auxquelles s'ajoute en cours de route une composante formative) et quatre usages primaires des signes (informatif, évaluatif, incitatif et systématique)[20] qui nous ramènent aux théories traditionnelles sur les types de phrases (*statement, appraisal, prescription*) et sur les types de discours.

Aux alentours de 1950, cette masse de réflexions sur les fonctions du langage semble converger dans quelques formulations qu'on peut considérer comme des synthèses de l'acquis. Il est curieux d'en rencontrer une en 1947, sous la plume d'un philosophe soviétique, ce qui marque bien le caractère composite de ces formulations où se trouve effectué le bilan d'apports multiples, psychologiques, sociologiques, philosophiques aussi bien que linguistiques : « Le langage, écrit Reznikov, remplit des fonctions variées : la fonction intellectuelle ou logico-rationnelle (moyens de la pensée, constitution des concepts et leur maniement); la fonction expressive (moyens d'expression des émotions se rapportant à un élément énoncé); la fonction esthétique (procédés de l'expression artistique); la fonction volontaire (procédés de commandement, d'appel, de prière, etc.). Toutes ces fonctions sont liées à la fonction communicative et se développent en prenant celle-ci pour base »[21].

André Martinet, en 1960, propose une synthèse du même type avec des nuances importantes, sur lesquelles on reviendra : une fonction « essentielle », « centrale » de communication; une fonction de support de la pensée; une fonction dans laquelle l'homme emploie sa langue « pour s'exprimer, c'est-à-dire pour analyser ce qu'il ressent sans s'occuper outre mesure des réactions d'auditeurs

---

19. L. BLOOMFIELD, *Language*, Londres, 1955, pp. 142-143, 151, 155, 280.
20. Ch. MORRIS, *Signs, Language, and Behavior*, New York, 1950, pp. 62-64, 86-88, 95-96.
21. L. O. REZNIKOV, Langage et Société, *Cahiers de Sociologie*, VI, 1949, p. 163.

éventuels. Il y trouve, par la même occasion, le moyen de s'affirmer à ses yeux et à ceux d'autrui sans qu'il y ait véritablement désir de rien communiquer.» «On pourrait, ajoute-t-il, également parler d'une fonction esthétique du langage qu'il serait difficile d'analyser, tant elle s'entremêle étroitement aux fonctions de communication et d'expression»[22].

Enfin Roman Jakobson, en 1960 aussi, a dessiné un schéma exhaustif apparemment des fonctions du langage : chacun des six « facteurs constitutifs » du procès linguistique (le locuteur, l'auditeur, le référent, le code, le message et le canal) donnerait naissance à une fonction du langage. « La visée du référent » correspondrait à la fonction « dénotative », « cognitive », « référentielle » des auteurs américains depuis Ogden et Richards — qui est la dominante de nombreux messages. La fonction dite expressive ou émotive, elle, est centrée sur le locuteur et « vise à l'expression directe de l'attitude du sujet à l'égard de ce dont il parle ». A l'orientation vers l'auditeur correspond la fonction conative, tandis que la fonction phatique vise au maintien du contact acoustique entre locuteur et auditeur ; la fonction métalinguistique consiste à utiliser le langage pour acquérir, analyser, ou vérifier le code ; enfin, « la visée du message en tant que tel, l'accent mis sur le message pour son propre compte, est ce qui caractérise la fonction poétique »[23].

Les pages qui précèdent n'avaient pas pour but d'établir, dans un procès de priorité, l'historique complet des paternités et des filiations ; mais d'esquisser un panorama suffisant pour essayer de rendre compte de la façon dont a surgi un thème de réflexion qui est passé, en quelques décennies, de l'obscurité aux lumières du premier plan. Ce panorama, on l'utilisera maintenant pour faire le point.

Le premier problème est de déterminer le rapport entre théories sur les types de phrases et théories sur les fonctions du langage, entremêlées chez une partie des auteurs. Malgré une convergence sur trois types : informer, interroger, ordonner, on notera que le type interrogatif est souvent absent ; que Buyssens distingue non sans

---

22. A. MARTINET, *Éléments de linguistique générale*, Paris, 1960, p. 13. Voir aussi du même auteur, *Économie des changements phonétiques*, Berne, 1955, pp. 39-41.
23. R. JAKOBSON, *Essais de linguistique générale*, Paris, Éditions de Minuit, 1963, pp. 213-216.

raisons *enjoindre* et *interpeller* ; qu'à côté du type impératif proprement dit certains font une place distincte au souhait, au désir, à la prière, probablement dans la mesure où ils disposent, dans les langues considérées, de formes linguistiques distinctes de l'impératif. La confusion partielle entre typologies de la phrase et théories des fonctions s'explique par les tentatives de fonder la description des fonctions, sur l'existence de formes linguistiques propres qui les manifesteraient, problème qu'on retrouvera. Avant de le quitter ici on signalera cependant que la théorie des « jeux de langage » de Wittgenstein est une extrapolation de la théorie des phrases : « Combien de sortes de phrases existe-t-il ? écrit-il. L'affirmation, l'interrogation, le commandement peut-être ? Il en est d'innombrables sortes [...]. Représentez-vous la multiplicité des jeux de langage au moyen des exemples suivants : commander [...], décrire un objet [...], rapporter un événement [...], faire des conjectures [...], lire [...], jouer du théâtre [...], deviner des énigmes [...], faire un mot d'esprit [...], inventer une histoire [...], solliciter, remercier, maudire, saluer, prier »[24]. Si informer, interroger, commander sont des modes de signification différents, dit un logicien, les deux structures suivantes, formellement semblables : *a grey elephant, a little elephant,* appartiennent à deux jeux de langage différents, puisqu'on peut dire : *A grey elephant is a grey animal,* mais qu'on ne peut pas dire : *A little elephant is a little animal.* Les « jeux du langage », formulation extrémiste de la typologie des phrases, soulignent l'aspect par où elle est une sémantique de la syntaxe, une théorie des « significations structurales », opposées aux « significations lexicales ». Mais cette théorie des jeux de langage est aussi une formulation extrémiste tout à fait fondée de la théorie des fonctions du langage : si utiliser le langage pour parler du langage est une fonction (métalinguistique) du langage, nul doute qu'utiliser le langage pour remercier ou pour maudire — ou pour promettre, jurer, proclamer, décréter, etc. (usage performatif) — ou pour faire un calembour, etc. — ne représentent des fonctions du langage irréductibles aux six fonctions de Jakobson, dont Wittgenstein montre ainsi le caractère arbitrairement incomplet.

---

24. L. WITTGENSTEIN, *Tractatus logico-philosophicus* suivi de *Investigations philosophiques,* N.R.F., Paris, 1961, p. 125.

Un problème se pose à propos de la fonction qui occupe la position centrale dans toutes les théories, mais sous deux dénominations : soit la fonction de communication, soit la fonction représentative ou dénotative ou référentielle, ou cognitive.

A cause des positions comparables qu'elles occupent, on a tendance à les identifier. Mais a-t-on le moyen de démontrer que ces deux dénominations différentes recouvrent un concept unique ?

La fonction « communicative » semble avoir une extension beaucoup plus vaste que la fonction « référentielle » ; de plus, elle semble exclure paradoxalement de la communication linguistique les autres fonctions du langage que les auteurs identifient pourtant à côté d'elle. Dans l'autre courant — de Bühler à Jakobson —, si la notion de fonction communicative n'apparaît pas, c'est que toutes les fonctions du langage assument, par des moyens spécifiques, une partie de la communication linguistique. A première vue, cette présentation des faits paraît plus satisfaisante.

Mais l'examen des convergences et des divergences entre auteurs n'est qu'une question secondaire en l'occurrence. Le problème fondamental — et il se posera pour toutes les fonctions du langage — est ici : si les fonctions du langage sont un problème linguistique, c'est parce que la solution de celui-ci est nécessaire pour élaborer des procédures d'analyse proprement linguistique. Si nous voulons rester à l'intérieur du domaine de la science linguistique, il faut répondre à la question : *les fonctions du langage peuvent-elles être différenciées sur la base de critères linguistiques ?* Si oui, nous restons dans le domaine de la linguistique ; sinon, si les critères qui nous servent à identifier et à séparer les fonctions du langage sont psychologiques, ou logiques, par exemple, nous devons être conscients que nous empruntons ces concepts à d'autres disciplines.

Sur ce point, la fonction représentative, dénotative ou référentielle, telle que la définissent Bühler, Troubetzkoy ou Jakobson, n'a pas de critères linguistiques formels : c'est la psychologie qui peut dire quelque chose sur cette « représentation de l'état de choses, objet de l'entretien » ; c'est la psychologie, et peut-être la sémantique quand elle existera, qui nous informeront sur ce que peuvent être le référent et surtout la « visée du référent ». De plus, c'est une impression sommaire, et fausse, qui pouvait suggérer de mettre en corrélation de manière univoque la phrase affirmative et la fonction représentative.

Au contraire, l'existence de la fonction communicative du langage est fondée sur un ensemble rigoureux de critères linguistiques formels, ceux qui ont fondé la linguistique fonctionnelle et structurale actuelle : fonction distinctive des phonèmes, et des monèmes — vérifiée par la communication, c'est-à-dire par le comportement dans la communication. Nous sommes ici au cœur du fonctionnement du code linguistique. On ne saurait renoncer au concept de fonction communicative du langage sans renoncer à tout ce qui constitue l'apport original de la linguistique actuelle.

La fonction que tout le monde s'accorde à nommer expressive pose elle aussi, malgré cette unanimité, plus d'un problème. On peut écarter celui que soulèvent Sapir et Buyssens, tendant à éliminer la fonction expressive du champ d'investigation du linguiste sous prétexte qu'elle n'est que la forme modifiée de manifestations instinctives partagées par les hommes et les animaux, et qu'exprimer une émotion n'est pas communiquer. Troubetzkoy a indiqué la solution correcte en démontrant qu'il ne s'agissait pas pour la linguistique d'accepter ou de rejeter en bloc la fonction expressive comme objet d'analyse ; mais de définir exactement ce qui, dans ses manifestations, ressortit à des activités excluant toute intention de communication et communes à tous les hommes, et ce qui — comme l'allongement expressif de *schön* [š : ön] « beau » en allemand — ressortit à un procédé phonique aussi conventionnel, aussi lié à un choix impliquant intention de communication, que l'opposition /š/ ∿ /ž/, et justiciable de l'analyse phonologique en tant que tel. Martinet, sur ce point, semble d'abord partager les vues de Buyssens, quand il présente rapidement la fonction expressive comme dépourvue de véritable « désir de communiquer »[25]. Mais, un peu plus loin, il marque bien, lui aussi, que la vraie distinction à faire ici est entre les « traits caractéristiques *non fonctionnels* » du langage, « qui renseignent autrui, que celui qui parle le veuille ou non, sur sa personnalité, sa place dans la société ou sa région d'origine »[26], et la fonction expressive « qui renseigne

---

25. *Éléments,* p. 13.
26. *Ibid.,* p. 53.

l'auditeur sur l'état d'esprit du locuteur *sans que celui-ci ait recours,
pour cette fin, au schéma de la double articulation* », c'est-à-dire
sans qu'il ait recours à des unités de première articulation pour
transmettre des signifiés[27].

Y a-t-il des critères linguistiques de la fonction expressive ? Tant
qu'on la définit comme celle qui renseigne sur « l'état d'esprit du
locuteur », sur « les éléments affectifs du message », sur le contenu
« émotif » de celui-ci ou sur les connotations (vulgaires, familières,
académiques, provinciales, rustiques, archaïques, etc.)[28], ou sur
« les propriétés émotives additionnelles des signes »[29], — on reste
dans le domaine des critères psychologiques empiriques. Martinet
aide à clarifier ces ambiguïtés nées d'une définition psychologique
naïve de la fonction expressive comme recouvrant tout ce qui
concerne « l'attitude émotive du sujet à l'égard de ce dont il
parle »[30] lorsqu'il critique la notion de « langage affectif »[31]. Il n'a
pas de mal à faire prendre conscience du fait que l'opposition violon
∿ crin-crin, et l'opposition violon ∿ mandoline sont justiciables
des mêmes critères linguistiques formels[32]. Vouloir que la fonction
expressive assume la responsabilité de tout ce qui est affectivité dans
le langage, amènerait, à côté d'une phonologie expressive, à envisa-
ger un vocabulaire affectif, une morphologie affective (diminutifs,
péjoratifs, etc.) et une syntaxe affective, c'est-à-dire à identifier (sur
des critères sémantiques au départ) la fonction expressive avec une
stylistique à la manière de Bally.

Comme Troubetzkoy, Martinet tend donc à restreindre le domaine de la fonction expressive à la seule zone où elle peut être
distinguée par des critères linguistiques formels objectifs : « Ce pour
quoi on pourrait, si on le désire absolument, retenir l'épithète d'*affectif* est l'ensemble des traits qui, *échappant en tout ou en partie à
la double articulation du langage et ne participant plus au caractère
discret des unités qui en résultent,* réalisent directement, par une modification parallèle et proportionnelle de la phonie, une modifica-
fica-

27. *Ibid.*, pp. 52-53.
28. BLOOMFIELD, *Language*, pp. 152-156.
29. MORRIS, *op. cit.*, p. 68.
30. JAKOBSON, *op. cit.*, p. 214.
31. *Éléments*, p. 201.
32. A. MARTINET, c.r. de M. SANDMAN, *B.S.L.*, LIV (1959), pp. 42-44.

23

tion du message à transmettre : tels sont les modulations de la voix ou les allongements expressifs de voyelles (*tous* prononcé [tu : s]) ou de consonnes (*affolant* avec [f :]) »[33]. La clarification est moins nette chez Jakobson, bien qu'il soit très attentif aux critères linguistiques de la fonction émotive, alors qu'il n'a rien précisé sur ce point pour la fonction référentielle. Il voit dans les interjections « la couche purement émotive » du langage, ce qui n'est vrai que si on en exclut les interjections appellatives. Comme Troubetzkoy, il insiste sur les marques phoniques de la fonction expressive, représentées par l'emploi conventionnel d'une variante phonématique (ou prosodématique). Il a raison de dire que « la fonction émotive [...] colore à quelque degré tous nos propos ». Mais, quand il ajoute que cette coloration se manifeste « aux niveaux phonique, grammatical, et lexical », on peut craindre, bien que tout cela soit vrai, qu'il ne rétablisse l'indistinction ou la confusion entre critères linguistiques formels, critères sémantiques intuitifs, et critères psychologiques[34].

La fonction appellative (que Jakobson, friand de renouvellement terminologique, appelle conative) est soutenue par le plus large consensus. Martinet se trouve le seul à n'en pas faire mention. Tous les autres, soit par le biais de la formulation de Bühler, soit par le biais du type de phrase exprimant l'ordre, la volition, la prescription, y font une référence expresse. Buyssens est seul à proposer de distinguer les types de phrases qui commandent d'avec celles qui interpellent.

C'est aussi la fonction pour laquelle tout le monde invoque des critères linguistiques explicites : la référence à l'impératif est unanime. Jakobson y joint le vocatif, unissant ainsi ce que Buyssens, wittgensteinien avant la lettre, opposait très légitimement comme les deux jeux de langage formellement et sémantiquement différents d'*enjoindre* et *interpeller*. Jakobson ajoute même un critère logique (les phrases impératives ne peuvent être soumises à l'épreuve de vérité); puis encore un critère linguistique de type transformationnel : les phrases affirmatives peuvent être converties en interrogatives, les impératives non. Ce qui attire l'attention sur une absence : si

---

33. *Ibid.*
34. Jakobson, *op. cit.*, pp. 214-215.

l'affirmation, l'interrogation manifestent des fonctions distinctes du langage, pourquoi la négation — jeu de langage capital aux yeux des logiciens, transformation fondamentale aussi pour les linguistes — ne figure-t-elle pas dans ce répertoire des fonctions, surtout si on tient compte des marques formelles universellement présentes dans sa manifestation, ce qui n'est pas toujours le cas pour l'interrogation (formes indirectes)? D'autre part, l'impératif n'est pas la marque formelle univoque de la fonction appellative, qui devrait aussi englober les expressions syntaxiques, affirmatives ou autres (optatives, etc.) du commandement et de ses autres formes (l'expression du vouloir, du désir, du souhait, de la prière, etc.) : c'est-à-dire s'étendre aux limites d'une stylistique appellative.

Les incertitudes quant aux critères linguistiques de cette fonction trop rapidement identifiée à sa forme impérative s'expriment à travers les repentirs de l'auteur le plus sensible à la réalité linguistique : Troubetzkoy — quand il dit qu'« il n'est pas toujours facile de distinguer les procédés d'appel des procédés expressifs ». En fait, on est ici aussi en présence de définitions psychologiques empiriques, auxquelles on essaie de raccorder des manifestations linguistiques formelles, après coup. Tantôt la fonction est définie comme « l'invitation adressée à une autre personne » (Bühler, Révész) ou « l'orientation vers le destinataire » (Jakobson), tantôt comme le moyen de « déclencher certains sentiments chez l'auditeur » (Bühler, Révész, Troubetzkoy). Que les critères psychologiques eux-mêmes soient fluctuants, c'est ce que prouve bien le désaccord entre Troubetzkoy, qui très logiquement assigne à la fonction appellative le déclenchement de sentiments chez l'auditeur, qu'ils soient vrais ou *feints* chez le locuteur[35] — et Jakobson qui réfère à la seule fonction expressive la production des émotions *feintes* par le locuteur[36]. Les critères linguistiques justificatifs varieront donc avec la définition psychologique large, ou diversement restreinte. Si, comme Révész, on admet que le message appellatif peut être exprimé grammaticalement par des formes diverses : infinitives, indicatives, interrogatives (il devrait ajouter : interjectives, exclamatives, vocatives, etc.), on détruit toute possibilité de fonder la preuve d'une fonction

---

35. TROUBETZKOY, *op. cit.*, p. 24.
36. JAKOBSON, *op. cit.*, p. 214.

appellative sur des critères linguistiques spécifiques (parmi lesquels d'ailleurs on omet toujours le plus évident, la présence des formes du type *tu/vous* qui manifestent directement l'appel à l'auditeur dans le message). Si l'on veut rester dans le domaine de l'analyse linguistique *formelle*, et si l'on refuse de passer dans ceux de la sémantique et de la stylistique (qui réclament d'autres critères et d'autres procédures), on suivra l'attitude de Martinet, c'est-à-dire qu'on restreindra le domaine de la fonction appellative de la même façon qu'il a restreint celui de la fonction expressive : en somme, au domaine des variantes phonématiques et des marques prosodiques. C'est sans doute la raison pour laquelle il n'est pas fait mention chez lui d'une fonction appellative distincte de la fonction expressive. On retrouvera d'ailleurs ainsi l'intention fondamentale de Troubetzkoy sur ce point, qui s'est trouvée fourvoyée en cours de route par les formulations psychologiques de Bühler.

La fonction phatique du langage semble d'abord une innovation de Jakobson. Mais il renvoie lui-même à Malinovsky. En fait, on peut déjà la trouver chez Jespersen, comme une hypothèse sur l'origine, soutenue par l'observation de l'apprentissage du langage[37]. Malinovsky — tenté lui aussi d'en faire une théorie de l'origine — la décrit explicitement comme un *type of speech function* avec une précision psychologique et sociologique remarquable : c'est celle qui se manifeste « quand un certain nombre d'individus sont ensemble autour du feu du village, quand tous les travaux de la journée sont terminés, ou quand ils bavardent pour se reposer de leur travail, ou quand ils accompagnent quelque occupation simple de propos sans rapport avec leur activité, etc. ». C.C. Fries, qui récuse la vieille typologie des phrases (déclaratives, interrogatives, impératives, exclamatives), aboutit, par une analyse strictement behavioriste et distributionnelle, à isoler quelques types d'énoncés libres simples qui retrouvent, à mi-chemin entre Jakobson et Wittgenstein, des types fonctionnels de phrases rigoureusement délimités, les saluts, les appels, les questions, les *requests,* les *statements...* Parmi ces types, il distingue des énoncés-réponses (qu'il ne dénomme pas) marquant l'attention continue de l'auditeur, signalée conventionnel-

---

37. O. JESPERSEN, *Language,* Londres, 1922, pp. 432-433.

lement par des émissions vocales qui n'interrompent pas le locuteur (Oui, hum, je vois, bon, bien, oh, etc.)[38]. Jakobson a, comme souvent, donné la synthèse rapide et suggestive de toutes ces indications éparses : tantôt la fonction phatique, de même que chez Fries, sert à s'assurer que le canal acoustique de la communication fonctionne (« Allô, vous m'entendez? » etc.); tantôt, comme chez Jespersen et surtout Malinovsky, à produire au moyen d'expressions linguistiques un certain plaisir de se sentir ensemble (la conversation d'amoureux, ou celle que Jakobson cite d'après Dorothy Parker, etc.). Le problème des critères linguistiques, ici encore, révèle le caractère disparate des exemples allégués. D'un côté, lorsqu'on est en présence de formes linguistiques spécifiques (Dites, vous m'écoutez? prêtez-moi l'oreille, etc.), elles peuvent toujours être référées à la fonction purement appellative. D'un autre côté, lorsqu'on se place sur le terrain du plaisir de pure sociabilité, comme le nomme Malinovsky, on ne dispose plus de critères linguistiques de la fonction phatique. Celle-ci est mise en évidence par une analyse des messages qui ressortit à la psychologie sociale, remarquable de finesse chez Malinovsky. A la différence de Jakobson, il essaie d'ailleurs de fonder systématiquement sa distinction sur des critères linguistiques, mais ils sont tous négatifs : c'est parce que les messages qu'il analyse n'ont ni fonction communicative ni fonction appellative, ni non plus fonction d'expression de la pensée, que Malinovsky propose de les attribuer à une fonction distincte, qu'il se risque à nommer phatique. Il insiste sur le fait que la fonction phatique ne peut pas être assimilée à la fonction expressive (comme la définira ultérieurement Bühler) : « Il serait même faux, je pense, écrit-il, de dire que de telles paroles servent le dessein d'établir un sentiment commun, car il n'y en a pas ordinairement dans ces phrases courantes de la conversation (*intercourse*); et là où il paraît exister, comme dans les expressions de sympathie, il est manifestement adultéré en partie »[39]. En fait, on peut penser au contraire que ces paroles de Malinovsky attirent l'attention sur le fait que la fonction phatique (telle qu'il la définit) est la production d'un état

---

38. C. C. FRIES, *The Structure of English,* New York, 1952, pp. 31, 42-53.
39. B. MALINOVSKY, « The Problem of Meaning in Primitive Languages », dans Ogden et Richards, *The Meaning of Meaning,* New York, 1933, pp. 313 et ss.

affectif élémentaire par le moyen du langage, beaucoup plus qu'elles ne la distinguent de la fonction dite émotive ou expressive.

La seule démonstration de l'existence d'unités linguistiques ayant pour fonction spécifique de marquer le maintien du contact entre auditeur et locuteur à travers un canal de transmission donné est celle de Fries. Mais on notera, d'une part, qu'il l'a élaborée pour une situation typique assez particulière à cet égard (son corpus est fait de communications téléphoniques); et, d'autre part, que beaucoup de ses unités peuvent être référées aux autres fonctions de langage (Bon, je vois, bien, je sais, oui, bon Dieu!, etc.). Le seul critère d'une utilisation phatique d'unités ayant généralement une autre fonction propre est-il, à la limite, le fait que leur émission n'interrompt pas le locuteur? Mais l'examen des corpus montre que de tels chevauchements sont fréquents sans aucune intention phatique. Sur le plan strictement linguistique, celle-ci se limiterait donc à quelques productions souvent marginales phonologiquement (Hum, Mum, etc.), quelquefois utilisées pour signifier au locuteur qu'un auditeur est là, ou est toujours là — ce qui réintégrerait les rares productions phatiques dans le domaine des mots-phrases conçu comme un secteur, très marginal aussi, de l'analyse phonologique[40]. Ceci n'exclut pas l'intérêt des analyses psychologiques ou sociologiques qu'on peut opérer sur les faits décrits par Malinovsky; ni l'intérêt de leur analyse stylistique, chez certains romanciers modernes qui ont manifestement utilisé de manière privilégiée, sans peut-être en apercevoir toutes les significations anthropologiques, les messages de type « phatique ».

Le goût des synthèses qui a poussé Jakobson à découvrir une fonction du langage en rapport avec chacun des six « facteurs » de l'acte de communication l'amène à proposer, seul parmi les linguistes évoqués plus haut, l'existence d'une fonction métalinguistique. C'est celle par où le langage est utilisé pour parler du langage, celle où « le discours est centré sur le code »[41]. A cette fonction, Jakobson attribue une marque linguistique formelle, la « phrase équationnelle »[42]. Il entend par là ce qu'on appelle traditionnellement la

---

40. Cf. Troubetzkoy, *op. cit.*, p. 246; Martinet, *Économie*, pp. 28-30.
41. *Op. cit.*, p. 218.
42. *Ibid.*, p. 220; cf. aussi pp. 52-53.

définition (« Un célibataire est un homme qui n'est pas marié »[43]).
Toutefois, la valeur de la phrase équationnelle comme critère
linguistique spécifique d'une fonction métalinguistique est discutable. La vraie marque linguistique formelle ici, bien vue par les
logiciens, déjà bien aperçue par les grammairiens hindous, c'est celle
qui distingue l'*usage* d'une unité linguistique d'avec sa *mention* (« Il
est des parfums verts comme des prairies » ∿ « *Verts* est un adjectif »), lorsque la mention (ou citation, ou usage autonyme) est, dans
une langue, distinguée de l'usage ordinaire par une construction
formelle, comme dans l'exemple français ci-dessus. Mais, dès que
cette marque est absente, il n'y a plus de critère linguistique formel
de la fonction métalinguistique : « L'adjectif est une partie du discours », « Le cheval est une espèce d'équidé », « L'argon est un gaz
rare » etc., ont la même structure de phrases équationnelles, mais
c'est sur un critère sémantique que nous nous fondons pour les
distinguer d'autres phrases comme « L'empire ottoman est un
homme malade », ou « La crédence est un chef-d'œuvre de prétention »,
qui n'ont rien d'équationnel. Et c'est sur un critère sémantique
aussi que nous nous fonderions pour prétendre que la première
phrase seule, sur l'adjectif, manifesterait la fonction métalinguistique
au sens strict du terme. Même avec ce sens restreint, la grammaire,
la philologie, la linguistique, la critique littéraire, le petit Larousse
etc., seraient des métalangages, dont les critères de séparation seraient sémantiques ou logiques eux aussi, non formels. En empruntant aux logiciens la notion de métalangue, on n'a peut-être pas assez
tenu compte d'un fait : tout en signalant que « rien n'interdit d'utiliser une langue comme métalangue par rapport à elle-même », ils ont
insisté sur les risques inhérents à cette procédure, et sur l'intérêt
qu'il y a à maintenir la métalangue bien distincte, sur le plan des
formes, de la langue dont elle parle : « c'est pourquoi les logiciens
sont maintenant enclins à symboliser aussi la métalangue [...], à bien
marquer par l'écriture symbolique elle-même les différences de niveau (par exemple en se montrant très scrupuleux sur l'usage des
guillemets, en employant des lettres grecques ou gothiques pour les
variables métalogiques, etc. »[44]. Accepter qu'une langue naturelle

---

43. *Ibid.*, pp. 45, 80.
44. R. BLANCHÉ, *Introduction à la logique contemporaine*, Paris, 1957, pp. 29, 31.

soit utilisée comme métalangue par rapport à elle-même, c'est accepter qu'il n'y ait pas de critères linguistiques formels, mais seulement sémantiques ou logiques, de la fonction métalinguistique : linguistiquement parlant, elle n'a ni spécificité, ni efficacité dans l'analyse formelle (sauf le cas très marginal de la citation).

Avec la fonction poétique du langage, on retrouve une très large convergence. Toutefois, la plupart des auteurs se bornent à mentionner l'existence de cette fonction. Bally, comme Buyssens et pour d'autres raisons, tend à rejeter son étude hors de la linguistique. Sapir, et surtout Martinet, signalent la difficulté qu'on éprouve à séparer cette fonction des fonctions de communication et d'expression.

Jakobson est ici le seul à se proposer de manière explicite la recherche du « critère linguistique » grâce auquel « on reconnaît empiriquement la fonction poétique »[45]. Il a défini celle-ci comme « la visée du message en tant que tel, l'accent mis sur le message pour son propre compte »[46], « la mise en évidence du côté palpable des signes »[47]. Le critère linguistique de cette mise en évidence et de cette visée serait celui-ci : « La fonction poétique projette le principe d'équivalence de l'axe de la sélection sur l'axe de la combinaison »[48]. Il entend par là que les produits de l'axe paradigmatique seraient projetés sur l'axe syntagmatique dans un certain type de phrase équationnelle[49] ; ou, en d'autres termes, que « tout élément de séquence [poétique] est une comparaison »[50] ; et qu'il n'y a pas de poésie sans images, lexicales ou grammaticales[51]. (Quand je dis « Sonnez, sonnez toujours, clairons de la pensée », *clairons de la pensée* ferait partie du même paradigme que : poètes, prophètes, penseurs, savants, etc.). Mais, en même temps, la fonction poétique est définie en termes de phonétique impressive et de phonétique expressive[52] ; de symbolisme phonique présenté comme un

45. *Op. cit.*, p. 220.
46. *Ibid.*, p. 218.
47. *Loc. cit.*
48. *Ibid.*, p. 244.
49. *Ibid.*, p. 220.
50. *Ibid.*, p. 238.
51. *Ibid.*, p. 244.
52. *Ibid.*, pp. 218-219.

« parallélisme » entre sons et sens[53]; d'unités de mesure donnant « une expérience comparable à celle du temps musical »[54]; en termes aussi d'hermétisme nécessaire, « l'ambiguïté » étant une propriété intrinsèque, inaliénable, de tout message centré sur lui-même »[55]; en termes enfin « d'attente frustrée », « d'anticipation déçue »[56], ce qui réfère la fonction poétique à la théorie de l'information.

L'article de Jakobson est certainement le plus important qu'un linguiste ait écrit sur cette question depuis un demi-siècle; mais il faut dire que ces quarante pages sont le discours de clôture d'une conférence interdisciplinaire sur le style, et qu'elles sont peut-être moins encore une synthèse organique des opinions actuelles qu'une espèce de vaste syncrétisme de toute l'expérience de Jakobson en la matière, fortement teintée par ses attaches de jeunesse avec le formalisme russe. Leur discussion dépasse les limites de la présente étude; on se bornera ici à remarquer que, sur le point qui nous intéresse, celui du ou des critères proprement linguistiques de la fonction poétique, les propositions de Jakobson ont un caractère peu satisfaisant. D'une part, apprécier la projection de l'axe paradigmatique sur l'axe syntagmatique reste une opération très subjective : dans le vers de Hugo qu'on a cité ci-dessus, y a-t-il vraiment projection de l'axe paradigmatique sur l'axe syntagmatique ? *Josué, prophète* qui sont des indices stylistiques d'un paradigme où figurerait *clairons de la pensée, n'apparaissent pas en même temps que clairons* dans une phrase équationnelle. D'autre part, Jakobson, une fois ce critère donné, en propose d'autres, assez souvent subjectifs aussi, tantôt sur le plan de la deuxième articulation (euphonie, symbolisme ou symétrie phoniques, etc.), tantôt sur le plan de la première (présence de la métaphore, de la comparaison, de l'image, usage ambigu des unités signifiantes, etc.). Lire son article comme un catalogue de problèmes *résolus* serait en perdre le bénéfice historique essentiel, celui qu'il a d'avoir revendiqué de façon stimulante les droits de la linguistique à prétendre résoudre les problèmes posés

---

53. *Ibid.*, pp. 235-241.
54. *Ibid.*, p. 221.
55. *Ibid.*, p. 238.
56. *Ibid.*, pp. 228, 232.

par la fonction poétique ou esthétique du langage[57]. L'article est un bon catalogue de ces problèmes à sa date.

On croit pouvoir conclure que la recherche sur les fonctions du langage, dans les années 1930-1960, a souffert continuellement de ses origines. Elle était née surtout comme une investigation de psychologie du langage. Mais ses résultats de 1930 lui ont été empruntés, par Troubetzkoy, uniquement pour résoudre des problèmes d'analyse des unités de deuxième articulation, ceux que posaient « les fonctions de la face phonique du langage humain »[58]. Il s'agit toujours pour lui de pouvoir distinguer entre un phonème et celles de ses variantes qui peuvent être affectées par des caractéristiques phoniques expressives, appellatives ou esthétiques, afin de ne pas prendre pour un trait pertinent du phonème ce qui est modification prosodique conventionnelle de la réalisation d'un phonème, par exemple l'allongement de /š/ en /š :/ pour l'allemand[59]. La notion de fonctions expressive et appellative lui fournit un critère (sémantique au fond) pour exclure ces variantes lorsqu'il définit un phonème à partir de ses traits pertinents. L'étude de toutes ces déformations subies par les phonèmes pour des raisons expressives, appellatives, esthétiques, trouve sa place dans la stylistique phonologique. Martinet seul a suivi sur ce point le chemin strictement tracé par Troubetzkoy, tout en suggérant un critère spécifique plus formel de ces fonctions marginales : la modification du sens du message y est obtenue par une modification parallèle et proportionnelle de la phonie.

Mais, tout en détournant la théorie bühlérienne des fonctions de son but initial, Troubetzkoy en a gardé les formulations psychologisantes : « caractériser le sujet parlant », avec « ses particularités physiques et mentales », grâce à « l'allure de son discours », pour la fonction expressive ; ou bien « déclencher certains sentiments chez l'auditeur », pour la fonction appellative. Ces formulations incitaient à rechercher tous les procédés linguistiques par lesquels on peut caractériser le locuteur (y compris « le choix de ses mots et la construction de ses phrases », que Troubetzkoy exclut du « cadre de

---

57. *Ibid.*, pp. 210, 211, 230.
58. *Op. cit.*, p. 27
59. *Ibid.*, pp. 47-49.

[son] étude »), tous les procédés linguistiques par lesquels on peut déclencher certains sentiments (y compris des sentiments esthétiques) chez l'auditeur. De telles formulations incitaient à élargir l'enquête sur les fonctions du langage, autres que la communicative, jusqu'aux limites de la stylistique tout entière. Cette enquête était loin d'être illégitime, elle a beaucoup stimulé la stylistique par exemple, et la stimule encore. Mais elle a obscurci le problème des critères : ceux qu'on trouvait dans le domaine de la deuxième articulation ne justifiaient pas a priori l'extension de la notion de fonction expressive, appellative ou esthétique à toute la stylistique. Et tous ceux qu'on trouvait en stylistique (ou qu'on aurait dû chercher si on ne les avait pas considérés comme donnés empiriquement par la psychologie ou la sémantique intuitive) ne justifiaient rien dans le domaine des fonctions de la deuxième articulation. Cette confusion des objets, des domaines, et surtout des critères, explique la discordance assez sensible des résultats proposés vers 1960.

NOTE (1977). *Le texte ci-dessus, parce qu'il acceptait le cadre terminologique et conceptuel des six « fonctions » jakobsoniennes du langage, n'allait pas jusqu'au bout de ses analyses. Il faisait sans doute bien ressortir sa préférence pour une formulation wittgensteinienne de la théorie des fonctions, à savoir que le nombre des manières dont on pouvait se servir du langage — les « jeux de langage », — était bien supérieur à six, d'une part ; et, d'autre part, que quatre des six fonctions jakobsoniennes au moins n'étaient pas appréhendables par des critères linguistiques.*

Il aurait fallu aller plus loin, et dire comme Frédéric François, aux formulations de qui je me rallie sans y changer quoi que ce soit, que le langage a une fonction (ce que les linguistes notaient tous en remarquant que la fonction communicative était co-présente avec toutes les autres) et des usages. « Chacun, écrit François, se sert chaque jour du langage de multiples façons, pour interroger, commander, attirer l'attention sur soi, accompagner son action, etc. On peut parler à une ou plusieurs personnes, on peut se parler à soimême pour exprimer ce qu'on ressent, sans viser d'abord à être compris d'autrui, à tel point qu'on peut ne pas rendre son discours audible (ce qui avait permis aux behavioristes de définir la pensée comme « un comportement laryngé sub-vocal »), on peut aussi inversement entendre sans pouvoir répondre, on peut jouer ou parler sérieusement. On peut faire tellement de choses qu'il n'existe aucun relevé systématique de tous ces usages et qu'on ne voit pas même très bien selon quel principe le constituer. La question que se pose le linguiste est en somme de savoir ce qu'il y a de commun à tous ces usages et on peut dire que la linguistique a acquis son autonomie le jour où elle a cessé de privilégier un de ces usages, penser, s'exprimer ou représenter la réalité en particulier, pour poser en principe que, même dans ses usages les plus relevés, l'organisation d'une langue ne s'expliquait que si on la considérait comme un instrument de communication propre à un groupe, sans s'occuper d'abord de l'objet et des modalités de la communication. » (Le langage, Encyclopédie de la Pléiade, Gallimard, 1968, pp. 7-8).

A nos yeux, le problème est résolu : il faut parler des usages affectifs, appellatifs, phatiques, métalinguistiques, poétiques, esthétiques, ludiques, performatifs, a-sociaux, etc., du langage, et de sa fonction communicative.

II

LES APPORTS DE LA LINGUISTIQUE
A LA RECHERCHE LITTÉRAIRE

Les apports de la linguistique à la recherche littéraire sont de nature très variée, ont apparu à des époques diverses, n'ont pas été tout de suite exploités, du moins en France. Le plus ancien de ces apports est le concept de stylistique lui-même, né en Allemagne avec le mot, probablement chez Wackernagel et von der Gabelentz (1873, 1875). L'idée d'étudier scientifiquement les propriétés expressives du langage, ses ressources pour traduire l'affectivité de l'émetteur et provoquer celle des récepteurs (y compris l'émotion esthétique), a été clairement présentée au public de langue française par le *Traité de stylistique* de Charles Bally dès les années 1900. Mais l'ouvrage a été peu lu en France. Maurice Grammont lui-même, condisciple et collègue d'Antoine Meillet, dans son *Traité de phonétique,* vers les années 1930 — et ailleurs auparavant —, donnait, sous le nom de phonétique expressive, d'excellentes bases à l'analyse des propriétés esthétiques objectives des sons du langage. Bien assimilées, et pratiquées, et méditées, surtout dans leurs nuances et leurs réserves, elles eussent évité durant un demi-siècle les énormités que la critique et l'enseignement ont dites là-dessus. Mais ce Grammont du *Traité* n'a eu guère de lecteurs littéraires non plus. Léo Spitzer enfin, qu'on aurait pu lire aussi dès son *Rabelais* de 1910, et bien que certaines de ses analyses aient paru en français (dans *le Français moderne* par exemple, en 1935 et 1936), n'a pas plus attiré l'attention, sauf celle d'un stylisticien lui-même isolé comme Jean Hytier, qui insistait sur les insatisfactions qu'on peut éprouver à la lecture de Spitzer plus que sur le renouveau que celui-ci apportait.

Dans les années 1950, Pierre Guiraud tenta d'introduire en France l'instrument statistique comme moyen d'investigation, sans beaucoup plus de succès. Il produisit un certain nombre d'*Index du vocabulaire* d'auteurs français, assortis, dans *Les Caractères statistiques du vocabulaire*[1], de la manière de s'en servir. On pouvait sans

---

1. Paris, Presses Universitaires de France, 1954.

doute contester la validité de sa science statistique — mais l'auteur lui-même se présentait comme un initiateur, sans prétention autre que celle d'attirer l'attention sur cet instrument. On pouvait contester aussi l'exploitation peut-être peu convaincante qu'il en faisait pour analyser le rôle de l'*e* muet dans la poésie de Valéry. On préféra, là encore, ignorer et mépriser en bloc, au lieu d'expérimenter et d'évaluer. Ces dernières années seulement, des dix-huitiémistes, puis d'autres, semblent avoir redécouvert la productivité de l'analyse statistique, pour des recherches d'ailleurs centrées beaucoup plus sur l'histoire des idées que sur la stylistique.

Pourtant, l'utilisation de cet instrument rudimentaire qu'est l'index alphabétique des mots d'un texte, avec une concordance et le classement parallèle par fréquences décroissantes, était à lui seul un moyen de faire de l'analyse thématique une procédure vraiment scientifique. Bachelard, après son excellent *Lautréamont,* s'était amusé à des constructions thématiques intuitives et subjectives, qui renseignent plus sur Bachelard lui-même que sur quoi que ce soit d'autre. Elles bénéficièrent d'un succès immédiat parce qu'elles renouvelaient l'exercice traditionnel de la critique, l'essai sans obligation ni sanction. Georges Poulet, plus libre encore, privilégiait a priori des thèmes qu'il considérait comme universels, qu'il retrouvait partout, comme le cercle, sans aucun critère autre que subjectif : selon le besoin, *concentrer* mais aussi *s'étendre, entourer* mais aussi *point, sphère* mais aussi *épanouissement, circonscrire* mais *rassembler,* feront partie par décret de la thématique du cercle. Jean-Pierre Richard, tout en s'interrogeant sur la nature de cette notion de thème, écartait Guiraud pour s'enfermer dans cette même subjectivité décisoire de ses prédécesseurs.

Même si l'on écarte, comme le fait Guiraud lui-même dans sa sixième édition refondue de *la Stylistique*[2], les « inventaires assez mornes de coefficients et d'écarts numériques dont la signification n'apparaît pas ou, plus encore, apparaît tout à fait abusive et naïve... », il n'en a pas moins raison d'affirmer que « on ne voit pas quel avantage la stylistique pourrait avoir à refuser systématiquement le secours d'une étude quantitative convenablement menée ».

Tout d'abord, la stylistique statistique fournit à l'analyse théma-

---

2. Paris, Presses Universitaires de France, 1970, pp. 118-119.

tique la possibilité de vérifier le bien-fondé des intuitions thématiques du chercheur. En premier lieu en lui permettant d'effectuer rapidement, par la seule consultation de l'index-concordance, ces dénombrements entiers et ces revues générales qui manquent à l'essayiste. Si le chercheur a, brusquement par un déclic spitzérien, ou graduellement par une longue fréquentation de l'œuvre, la conviction que l'adjectif *bleu,* chez Baudelaire, est porteur de valeurs spécifiques, il peut, au lieu de se fier à cette illumination personnelle et fugitive, retrouver tous les contextes où le poète a utilisé le mot, contrôler si sa trouvaille cadre avec la réalité ou non, délimiter scientifiquement la totalité des endroits où Baudelaire emploie *bleu* comme tout le monde et celle des endroits, peut-être rares et d'autant plus importants, où surgit cette valeur proprement baudelairienne de l'emploi de *bleu.* De plus, un index comme celui de Vander Beke lui permet de comparer la fréquence d'usage du mot *bleu* chez Baudelaire à celle de ses contemporains, ou plus largement de son siècle, en vers ou en prose — c'est-à-dire lui fournit une présomption objective de plus pour affirmer que *bleu* est chez Baudelaire un « mot-clé », selon la définition statistique qu'en donne Guiraud. De telles confirmations, quand on aime une œuvre *et qu'on veut savoir pourquoi,* ne sont finalement pas à dédaigner.

Certes, on n'a pas manqué d'objecter que les mots n'ont pas tous le même poids, que compter les mots revient à conférer erronément la même valeur à toutes leurs occurrences. Mais le recours à l'index, c'est-à-dire à la totalité des contextes, est justement le seul moyen qu'on ait de s'assurer de ces différences de poids esthétique, au lieu de tabler sur la citation *ad hoc,* dont l'essayiste généralise la signification, d'un trait de plume.

On objecte aussi qu'un mot isolé, comme *bleu,* n'est pas le porteur unique, voire privilégié, d'un thème du bleu, et que par conséquent compter des mots n'apporte guère. C'est une autre erreur, ou plutôt une autre ignorance. En effet, la linguistique a lentement mis au point, depuis 1930, un instrument d'exploration, de travail et de contrôle qui lève cette objection, faite par les esprits littéraires à l'investigation statistique, mais à laquelle ils ne répondaient pas eux-mêmes. C'est la notion de champ sémantique, qui permet de construire a priori le réseau systématique de tous les mots susceptibles de porter le concept de bleu (*azur, azuré,* etc., *céruléen, céleste,* etc., *saphir, lapis-lazuli,* etc.), mots dont on peut ensuite vérifier, sans relire toute l'œuvre une fois de plus, la présence ou l'absence, et la fréquence, à l'index-concordance. On ne comprend pas que dès à présent tous les grands textes qui figurent aux programmes traditionnels (et figureront, selon toute vraisemblance, aux programmes futurs) de l'enseignement secondaire et supérieur, ou aux programmes des grands concours, ne soient pas en priorité dotés d'office d'un index-concordance, sans attendre que tel ou tel chercheur, au hasard de son choix personnel, nous en donne un — ou deux, comme c'est le cas pour Baudelaire ou Dante. Un linguiste se prend à rêver quand il pense au temps presque totalement perdu pour ces dépouillements monotones qu'on ne fait presque jamais complètement, qui se bornent presque toujours à de brefs sondages, à d'intuitifs échantillonnages, et qu'on persiste à prendre pour de la recherche. Alors que ce temps, libéré par la consultation d'un index bien fait, pourrait être utilisé à plein par la réflexion et l'investigation, par l'élaboration et la vérification de toutes les hypothèses suggérées par le texte, c'est-à-dire à la recherche littéraire véritable et non à une manutention de documentaliste.

Certes encore, le champ sémantique ne résout pas tous les problèmes et ne construit pas automatiquement le thème dont on cherche à manifester la présence dans le texte de l'œuvre. Il offre seulement une procédure susceptible d'accélérer la recherche, de la rendre plus objective et plus proche de l'exhaustivité que l'intuition toujours lacunaire du lecteur le plus doué. Les chercheurs littéraires ont raison de dire qu'un thème, ce peut être plus que cela et autre chose que cela. Ici également la linguistique propose des instruments modestes, auxiliaires mais précieux, pour essayer de cerner plus objectivement ce *plus* et cet *autre chose.* Jean Dubois a montré dans sa thèse, *Le Vocabulaire politique et social en France de 1869 à 1872,* que le champ sémantique d'un thème peut être élargi et enrichi par la prise en considération des réseaux d'identité entre un terme et d'autres qui ne sont pas forcément des synonymes, ou des réseaux d'oppositions qui ne sont pas forcément des contraires, puis des réseaux d'associations de ce terme avec d'autres en contexte. Il est probable que ces derniers permettent objectivement de délimiter les zones difficilement discernables qui flottent assez librement autour du signifié d'un terme de façon très variable avec chaque locuteur et qu'André Martinet appelle ses connotations. Susan Wise, dans *la Notion de poésie chez René Char et André Breton*[3], a bien montré que ces réseaux d'associations contextuelles, qui gravitent autour du mot *poésie* et de ses substituts sémantiques, sont presque totalement différents chez les deux poètes, donnant au même mot français des valeurs et des colorations tellement personnelles qu'on peut parler de deux conceptions de la poésie, et que ce serait un contresens fondamental de les réunir a priori sous la rubrique : poésie surréaliste. Roland Laferrière également, avec *Le Thème de la femme dans « Les Fleurs du mal »*[4], a pu faire toucher du doigt la richesse et la précision de ce type d'investigation — qui ne remplace ni la lecture ni l'intuition, mais qui peut les expliquer et les justifier; sans aucune prétention à être, pour la pénétration d'un texte, cette baguette magique que trop de chercheurs pressés demandent à la linguistique, au nom de leurs préconceptions thaumaturgiques sur la communication esthétique.

La notion de connotation elle-même, telle qu'on peut la trouver mise au point dans le texte bref de Martinet « Connotation, poésie et culture »[5], est aussi une acquisition propre à la linguistique actuelle. L'étude — et non la découverte intuitive, fort ancienne — de ces franges individuelles et malaisément saisissables du signifié collectif d'un terme commence à peine, et présentera sûrement bien des difficultés. En effet, le moyen le plus simple de prendre conscience de ces connotations semble bien l'introspection, procédure dont les linguistes ont appris longtemps à se défier. Mais il existe des techniques plus objectives pour cerner cette notion : la comparaison d'un texte avec ses traductions, soit par divers traducteurs, soit dans des langues différentes; ou bien l'analyse des associations contextuelles qu'on vient d'évoquer, surtout lorsqu'elles sont douées d'une certaine fréquence; enfin, technique à peine entrevue, difficile à mettre au point, difficile à manier : le questionnaire (du type de ceux que fabrique l'enquête psychosociologique bien faite) sur un échantillon bien constitué de lecteurs.

L'apport le plus voyant de la linguistique actuelle à la recherche

---

3. Aix-en-Provence, La Pensée Universitaire, 1966.
4. Thèse de troisième cycle, Aix-en-Provence, 1971.
5. *To Honor Roman Jakobson,* Mouton, La Haye, t. 2, pp. 1.288-1.294.

en littérature reste cependant la notion de structure. En réalité, c'est moins un apport de la première qu'un emprunt de la seconde. Et par un malencontreux hasard cet emprunt n'a porté que sur des aspects superficiels, ou marginaux : soit sur le vocabulaire à la mode des signifiants et des signifiés, soit sur la dichotomie simpliste métaphore/métonymie chère au binarisme universel que Jakobson a gardé de sa métaphysique préférée d'adolescent, soit sur la notion de structure, venue de Propp à travers Lévi-Strauss, sans aucun rapport avec la linguistique sinon par une coïncidence sur l'emploi du mot **structure**. Cette notion de structure a été appliquée de façon mécanique à tout récit, sans égard au fait que chez Propp ou même chez Lévi-Strauss elle concerne des récits très particuliers : le conte populaire ou la narration d'un mythe (qui sont peut-être des formes apparentées), auxquelles la transmission orale et leur contenu difficilement altérable donnent une architecture stéréotypée. Il eût suffi d'appliquer cette grille d'analyse à une belle série, pourtant d'apparence très voisine, l'ensemble des tragédies de Racine par exemple, pour apercevoir que l'analyse structurale du récit ne s'applique pas à la littérature occidentale sans mutiler les œuvres sur un lit de Procuste ; ou bien qu'elle livre seulement des truismes, sans proportion avec le mal qu'on s'est donné pour les extraire : il y a dans l'œuvre des personnages unis par des relations, et à un niveau très élémentaire (où l'œuvre perd toute la spécificité qui la constitue comme œuvre unique) ces personnages ressortissent à des catégories universelles, unies par des relations universelles, l'amour ou la haine, l'état de victime ou celui de bourreau, etc.

Au vrai, prendre à la linguistique la notion de structure, isolée de l'ensemble conceptuel opératoire dont elle n'était qu'une pièce (et non pas même la pièce maîtresse, malgré le succès de l'étiquette : linguistique structurale), c'était une erreur théorique et méthodologique. Comme tout ce qui nous entoure est structuré, c'est-à-dire constitué de parties élémentaires qui s'organisent entre elles selon des règles déterminées, chercher les structures d'une œuvre littéraire ne pouvait manquer d'aboutir à en découvrir, et même beaucoup. Mais tout le problème, à partir de là (problème que la recherche littéraire, jusqu'ici, n'a pas bien vu, n'a peut-être même jamais aperçu), consiste à savoir, parmi tant de structures qu'on a découvertes et qu'on peut découvrir dans l'œuvre, lesquelles on doit privilégier, et pourquoi. La linguistique, elle, a en effet lié indissolublement — et cela est vrai pour toutes les linguistiques contemporaines — le concept de structure à deux autres concepts, sans la prise en considération desquels les structures découvertes sont inexploitables : le concept de pertinence et le concept de fonction[6]. Pour un linguiste, une structure présente dans le langage n'a d'intérêt (linguistique) que si elle a une fonction (linguistique), c'est-à-dire si elle est pertinente du point de vue linguistique, qui est centralement l'établissement de la communication au sens linguistique du terme. Ainsi, en français, la voyelle [u] de *chou* [šu] peut être longue (en centièmes de seconde) dans « **Mon petit chou** [šu :], **comme c'est gentil de ta part** », ou brève (deux fois plus brève en centièmes de seconde que la précédente, par exemple) si je dis « **Mon petit chou** [šu], **apporte-moi ça en vitesse** ». Ce fait n'est pas phonologiquement pertinent parce que les deux sons n'ont pas pour fonction de distinguer deux signifiés de *chou* différents dans la communication. Il n'y a donc qu'un phonème /u/ en français — même si sa réalisation, brève [u] ou longue [u:], peut avoir pour fonction (expressive) de manifester, volontairement ou non, l'affectivité tendre, ou l'impatience un peu sèche du locuteur au moment de son énoncé. En anglais au contraire, la différence entre le *i* bref de *bit* et le *i* long de *beat* est pertinente. Elle a une fonction dans la communication linguistique anglaise : celle de distinguer formellement des signifiés différents. Sur ce point, la structure du système phonologique de l'anglais diffère profondément de celle du système phonologique du français.

On comprend, par cet exemple simpliste, la fragilité de tant de « structuralismes » littéraires. Dans un roman, un poème, une œuvre théâtrale, des dizaines, voire des centaines de structures sont présentes. Les chercher et les découvrir peut constituer un agréable exercice intellectuel. On peut même en trouver qui n'y sont pas présentes objectivement, qui sont des artefacts issus des préoccupations du chercheur. En négligeant certains éléments, et en en grossissant certains autres par sélection, on peut se démontrer que le théâtre de Racine a, sur le plan de la langue et du style, tous les

---

6. Cf. André MARTINET, *Langue et fonction*, Paris, Denoël-Gonthier, coll. « Médiations », 1969 (éd. angl. 1962).

caractères structuraux de la préciosité ; ou, sur le plan de la psychologie, une structuration purement freudienne ; ou, sur le plan de l'esthétique, une structure typiquement baroque, donc, qu'il n'est pas classique. Etc...

Parmi les multiples structures qu'on met au jour par l'analyse d'une œuvre, pourquoi privilégier ou écarter les structures phoniques : la fréquence statistique des occlusives ou la rareté des voyelles nasales ? Ou les structures lexicales, ou les syntaxiques ? Pourquoi privilégier ou négliger les structures thématiques ? Ou les structures non linguistiques : psychologiques, sociologiques, psychanalytiques, idéologiques ? Ou les historiques ? Car il y a une structuration diachronique des filiations, voire des sources : pourquoi les rejeter au nom d'un anti-lansonisme aussi béat que le lansonisme abâtardi des épigones de Lanson ? Pour répondre à toutes ces questions (et l'utilisation cohérente et systématique de l'appareil épistémologique forgé par les linguistes l'exige), il faut se demander dans chaque cas : cette structure est-elle pertinente ? Et dans chaque cas la réponse peut être positive ou négative ; il n'y a pas de solution passe-partout.

L'analyse des propriétés phonétiques de beaucoup de vers de Valéry est sûrement pertinente ; elle ne l'est sûrement pas — et surtout pas de la même façon — pour Baudelaire. Il faut sans aucun doute examiner de très près certaines structures syntaxiques de Huysmans, de Zola, des Goncourt, et non pas toutes ; et ce ne sont pas forcément les mêmes pour chacun. La structuration des relations entre personnages dans les œuvres de Hugo est très probablement pertinente, au moins si on se laisse inquiéter par les indices qu'en a tirés Mauron. Peut-être que cette structuration opérée chez Zola n'apporterait pas grand-chose de plus que la simple intuition du lecteur ordinaire ; les « sources » de *Bérénice,* de même, ne sont peut-être pas très pertinentes. Mais on peut parier gros qu'il y a bien des choses à découvrir sur la relation (qui fait partie d'une structure diachronique) entre *A rebours* et *Les Nourritures terrestres,* ou sur la relation (qui fait partie d'une structure synchronique socio-culturelle) entre *Le Cid* et la biographie de Corneille, la Normandie et la France de 1630, etc.

Quand il s'agit d'une œuvre d'art, répondre à la question « Quelle est la pertinence de telle structure ? » n'est pas simple. Et ce n'est pas non plus le point final de l'enquête. Il faut encore prendre conscience du point de vue sous lequel la structure découverte est pertinente : c'est-à-dire découvrir sa fonction. Telle structure peut être pertinente du point de vue de l'histoire littéraire : il y a eu influence de Huysmans sur le jeune Gide, et peut-être Nathanaël n'est-il, en dépit de Gide, qu'un des Esseintes, un peu différent du premier parce qu'il est un esthète à l'envers. Telle autre structure peut être pertinente du point de vue psychologique, voire psychanalytique : la polarité des personnages hugoliens, selon Mauron, révèle un traumatisme profond lié chez Hugo à son conflit avec Eugène, conflit qui aurait donc une pertinence génétique quant à l'œuvre de Hugo. Telle autre encore pourrait être pertinente du point de vue formel : si Corneille a coulé sa personnalité, sa sensibilité, ses problèmes et son milieu dans la tragédie en cinq actes en vers, c'est parce que cette forme était l'une des seules entre lesquelles il avait le choix, grâce à une élaboration diachronique de ce genre théâtral bien vue par Lanson.

La fonction d'une structure découverte dans l'œuvre peut donc être très variable puisqu'elle dépend du point de vue sous lequel elle est pertinente. Il se peut que le fait d'être écrit en alexandrins à rimes croisées — fait qui, a une pertinence historique et littéraire certaine — n'explique à peu près rien de la valeur esthétique du *Bateau ivre,* et que les structures esthétiquement pertinentes — c'est-à-dire qui fonctionnent pour créer l'émotion esthétique née de cette œuvre — soient à chercher essentiellement ailleurs. Les structures narratives que Bruce Morrissette a découvertes dans *Les Gommes* sont sûrement pertinentes du point de vue génétique : on en est d'autant plus sûr que le critique a obtenu sur ce point la confidence de l'auteur. Mais réduire le plaisir esthétique de lire *Les Gommes* à la découverte de ces structures et de leur agencement relève du pur divertissement intellectuel, c'est-à-dire du plaisir de constater le fonctionnement parfait d'une mécanique, d'une rhétorique, si moderne soient-elles : ce serait beau parce que c'est structuré, bien structuré. Le vrai problème est de découvrir si ces structures ont une fonction esthétique, c'est-à-dire *si, et comment, et pourquoi elles créent chez le lecteur une émotion esthétique* ET LAQUELLE. Alors, mais alors seulement, elles sont littérairement ou esthétiquement pertinentes. De même Françoise Van Rossum-Guyon, critique foncièrement philosophe, analyse *La Modification* de Michel Butor dans *Critique du roman,* en inventorie, probablement à la perfection, les structures descriptives et narratives. Mais on n'est pas sûr que la seule fonction qu'elle assigne à ces structures ce ne soit pas le fonctionnement génétique, dont la pertinence est purement biographique, historico-culturelle, historico-littéraire. Elles nous renseignent sur ce que Butor a voulu faire, elles mettent au jour, grâce à l'analyse du critique, la rhétorique avec laquelle Butor a construit son roman. Le plaisir qu'on trouve à leur découverte est un plaisir quasi technologique, exclusivement intellectuel aussi. Mais l'objection de tout lecteur *sensible* aux valeurs littéraires est toujours ailleurs : sont-elles esthétiquement pertinentes, ont-elles une fonction proprement esthétique (c'est-à-dire : une action spécifique sur le lecteur)?

Si l'on peut contester ces exemples, qui ne sont donnés ici qu'à titre de simples illustrations, on aura cependant pu prendre une idée de la façon dont une linguistique (structurale mais aussi fonctionnelle) peut aider à dépasser les « structuralismes » formels et superficiels qui montrent, dans les meilleurs des cas, « comment c'est fait », mais presque jamais « pourquoi c'est esthétiquement actif », ni surtout le rapport entre les deux. Nous ne sommes jamais loin, avec ces structuralismes, de la « **préparation anatomique** » et de la « **mise en bière** » que Valéry dénonçait dans l'explication littéraire universitaire du type traditionnel — même s'il s'agit d'une autre école anatomique, et d'une bière munie des derniers perfectionnements. Tandis qu'en insistant sur la pertinence et la fonction des structures découvertes dans l'œuvre, la linguistique est infiniment plus proche de la lecture réelle du lecteur réel, et de l'émotion littéraire ou esthétique. Elle ne nie pas la subjectivité du lecteur ni l'intuition de l'essayiste : elle propose seulement des instruments conceptuels (qui vont bien au-delà de l'inventaire toujours tâtonnant des structures choisies plus ou moins au hasard) pour rechercher des critères objectifs, qui puissent vérifier la nature et le degré de l'accord de ces subjectivités avec le texte, et de ces subjectivités entre elles à propos de ce texte.

III

DÉBATS ACTUELS SUR L'ÉTUDE
LITTÉRAIRE DES TEXTES EN FRANCE

Quand on essaie de faire la synthèse de tout ce qui se dit ces temps-ci sur l'étude de la littérature, on est frappé par le fait que tout le travail d'élaboration au niveau le plus théorique tourne autour de trois thèmes : l'utilité, la validité, la place de l'histoire littéraire dans l'étude des textes[1]. Puis la nécessité de la lecture immanente, c'est-à-dire d'une lecture du texte abstraction faite de toute information extérieure à ce texte. Enfin, sous des formulations moins aisément saisissables, le droit de chacun, lecteur-professeur et lecteur-élève, à une liberté de contact personnel avec l'œuvre.

D'une façon générale, personne ne propose de supprimer l'histoire littéraire, sans doute parce que tout le monde est conscient que non seulement l'explication ou la compréhension, mais aussi la simple lecture d'un texte peuvent toujours être conditionnées et souvent améliorées par un éclairage historique des circonstances de production de ce texte. Tout au plus propose-t-on, soit de parler d'histoire de la littérature et de perspective historique, au lieu d'histoire littéraire, pour mieux libérer les esprits de la routine des épigones du lansonisme, soit de limiter la part de cette perspective historique : ou bien pour des raisons pédagogiques (les enfants d'aujourd'hui baignent moins qu'il y a trente ou cinquante ans dans une culture qui valorisait l'historicisme), ou bien pour des raisons théoriques (les méthodes critiques actuelles rendraient l'œuvre plus accessible en tant qu'œuvre que ne le faisait l'approche historique). A côté de ce consensus, les débats pour ou contre l'ordre chronologique, pour ou contre tel type de programme ou d'auteurs, ne posent que des problèmes d'aménagement pédagogique, des problèmes seconds au sens propre.

L'expression commode de lecture immanente, expression peut-être un peu sybilline au départ, apparaît souvent dans les échanges

---

1. L'auteur a participé aux travaux de la Commission ministérielle pour la rénovation de l'enseignement du français présidée par Pierre Emmanuel. Mais, naturellement, les opinions qu'il exprime ici n'engagent que lui.

de vue. Elle recouvre en général cette idée qu'il faut d'abord essayer de comprendre le texte *de l'intérieur,* en excluant tout ce qui n'est pas lui. De façon plus précise, c'est au nom de cette lecture immanente qu'est proposée la réduction de la place faite à l'histoire littéraire (transcendante au texte) au profit d'un enseignement de la littérature plus ouvert aux problèmes théoriques et méthodologiques internes : définir l'esprit tragique, par exemple, apporterait plus à la lecture d'une tragédie que les dates de la naissance ou de la mort de Racine ou de Corneille. De façon plus précise encore, toutes les fois que la lecture immanente est définie, c'est par référence aux méthodes empruntées à la nouvelle critique, et celles-ci sont nommément énumérées à maintes reprises : appel à la linguistique, à la psychanalyse, à la sociologie, critique thématique, analyse structurale et stylistique, enseignement d'une analyse générale des formes littéraires, ou même des théories des formes littéraires. Ici encore, quand il y a débat, personne ne rejette la lecture immanente ainsi définie. Tout au plus trouve-t-on des invitations à ne pas surestimer ou privilégier la nouvelle critique, soit à cause de l'hétérogénéité des doctrines qu'elle recouvre de son étiquette, et dont les divergences sont peu propres à fournir une base théorique assurée ; soit parce qu'on risque ainsi de substituer une nouvelle routine à la routine lansonienne, une érudition formaliste à une érudition historiciste, ou même tout simplement une mode à une autre mode. On va jusqu'à proposer de parler, très pluralistement, *des* critiques contemporaines plutôt que de *la* nouvelle critique — mais tout le monde est d'accord au moins pour expérimenter toutes ces nouvelles méthodes d'approche d'œuvre littéraire.

Il n'est pas aussi facile de discerner ce que recouvre le type de lecture préconisé par ceux qui demandent qu'on sauvegarde ou qu'on reconnaisse largement le droit au contact personnel, plus direct et plus discret, c'est-à-dire plus subjectif, avec le monde de la création littéraire. Comme si le concept à définir ici restait plus flou, même à l'analyse de ceux qui en font une des trois composantes de l'attitude littéraire devant le texte, composante aussi essentielle que les deux autres.

Tantôt on met l'accent sur l'approche impressionniste — bien que le mot lui-même soit jugé peu propre à bien clarifier ce qu'on entend par là. Tantôt on rappelle très modestement ce fait qu'avant d'apprendre à expliquer un texte il faut peut-être apprendre à l'enfant l'approche spécifique d'un texte littéraire, la simple lecture, la lecture première, irremplaçable et nue, qui décide déjà de presque tout quant à l'attitude du lecteur vis-à-vis de toutes ses futures lectures du même texte : la « lecture à ras de texte » peut-être, celle que Péguy opposait à la lecture lansonienne trop sophistiquée, trop préparée. Tantôt encore on met en avant le respect de la sensibilité des élèves (et des maîtres), sans quoi rien ne serait possible comme activité proprement littéraire, sur un texte littéraire. Tantôt aussi on insiste sur ce fait que la spécificité du texte littéraire, par rapport à tous ceux qui ne sont pas lui, consiste à libérer l'imagination, surtout à nourrir l'affectivité. Voire, on oppose, aux deux premières approches de type intellectualiste que sont la lecture historique et la lecture immanente, un type de lecture qui fait d'abord et toujours appel à l'affectivité du lecteur. Et l'on met en garde contre le danger de passer trop vite sur ce moment initial, sans lequel il n'y a pas d'attitude littéraire devant un texte ; contre le danger de structurer trop vite (sous forme d'explication, historique ou formelle) le dynamisme de ce premier contact entre le texte et son lecteur.

Lecteur dont on demande aussi que soit respectée la personnalité, la singularité personnelle dans l'expérience existentielle qu'il est en train de faire du texte, parce que, si la littérature est une connaissance, c'est une connaissance qui s'acquiert de façon très particulière, où la part du vécu le plus subjectif est fondamentale au sens propre. Quelquefois, ce type de lecture, on souhaite en déterminer la spécificité, soit en posant le problème de la finalité de l'enseignement littéraire, soit en posant le problème de ce qui différencie le professeur de français des autres professeurs. Enfin, on peut penser que toutes les fois où l'accent est mis sur la part insuffisante faite à la poésie dans notre enseignement, c'est par référence à ce type de lecture qu'on le fait, la poésie offrant au maximum ces textes où sentir, ressentir, éprouver, passent toujours avant comprendre (sans prétendre rejeter ce second moment d'activité de l'esprit) et où l'appréhension du monde, l'épanouissement de l'être, sont vécus sur le mode d'une connaissance intense, mais non encore intellectualisée, ni peut-être totalement intellectualisable.

Il n'est donc pas interdit de penser qu'à peu près tout ce qui peut être dit sur l'enseignement de la littérature actuellement (sauf la thèse qui suggérerait de le supprimer comme inutile, ou nuisible) se trouve avoir été évoqué dans les débats actuels sur la rénovation de l'enseignement du français en France, fournissant même une abondante matière pour la réflexion et pour des conclusions éventuelles.

La linguistique est maintes fois invoquée au cours de ces échanges de vue. Les notes qui suivent voudraient verser au dossier la contribution tardive d'un linguiste. Chose paradoxale, cette contribution se fonde moins sur la considération des techniques, des procédures et des méthodes que la linguistique peut mettre au service de la littérature, que sur ce qu'on pourrait appeler l'épistémologie de la linguistique, elle-même : l'esprit de ses principes et de ses démarches les plus profondément théoriques. Par un concours de circonstances qui relève de l'histoire des idées, l'emprunt que les critiques contemporaines ont fait à la linguistique n'a porté au contraire que sur un élément isolé à tort de l'ensemble conceptuel opératoire que forme la pensée linguistique actuelle la plus productive, et dont il n'était qu'une pièce : la notion de structure, appliquée de façon simpliste à tout texte, sans vrai discernement peut-être.

Or la conquête la plus précieuse de toutes les linguistiques actuelles, celle sans laquelle la notion de structure n'a proprement pas de signification, c'est la notion de pertinence. Le linguiste entend par là qu'un objet, un phénomène (ici, un texte) peuvent être étudiés de beaucoup de points de vue *également légitimes*. Sera pertinent dans l'étude d'un texte, par exemple, tout ce qui peut être démontré comme lui apportant objectivement quelque chose du point de vue où l'on se place — point de vue qui délimite le champ d'une science. Il en découle, en ce qui concerne l'étude de la littérature, que tous les faits qu'on apporte ou qu'on peut apporter autour d'un texte ne sont pas *ipso facto* pertinents, c'est-à-dire ne sont pas forcément significatifs du même point de vue. Ç'a été le défaut des études littéraires traditionnelles depuis trois quarts de siècle que de ramener de leurs longues et minutieuses explorations des masses de faits souvent, sinon toujours, intéressants, mais atomisés, mais dont la pertinence n'était pas aperçue. Tout ce qu'on sait sur Balzac n'est pas forcément pertinent pour aider à lire *L'Illustre Gaudissart,* et tout ce qu'on sait sur Balzac à propos de ce roman ne l'est pas forcément non plus pour en éclairer telle ou telle page. La notion de pertinence devrait aider à situer la place de l'histoire, ou de l'histoire littéraire,

48

dans l'enseignement de la littérature. Elle devrait empêcher de transformer cet enseignement en un appendice de l'enseignement de l'histoire (ou de la culture, ou de la civilisation), en méconnaissant la spécificité de son insertion dans cette culture et cette civilisation. Elle devrait permettre de répondre à cette question revenue dix fois dans les discussions actuelles : comment situer un texte dans l'histoire « sans tomber dans une vaine érudition » si on ne dit pas ce qu'est cette vaine érudition ? La linguistique répondrait ici ce que savent et ont bien dit quelques enseignants : l'érudition vaine et la déformation historicisante, c'est le non-pertinent. Le chercheur, certes, doit ramener au jour dans un premier temps tout ce qu'il trouve, et dont il ne peut savoir d'avance si telle ou telle trouvaille de détail sera ou non pertinente. Mais l'enseignant doit choisir, dans la masse de documents que lui apportent les sciences auxiliaires de la littérature, uniquement les faits pertinents à l'éclairage qu'il veut fournir, à l'explication qu'il croit pouvoir donner. Ceci permet aussi, dans ce qu'on nomme la lecture immanente, de ne pas mettre indistinctement sur le même plan les apports de la psychologie, de la sociologie, de la psychanalyse — dont la pertinence est très voisine de celle des apports de l'histoire et de l'histoire littéraire (critique externe) — et les apports de la linguistique, de la stylistique, de la critique thématique, de l'analyse structurale, de la théorie des formes, qui sont pertinentes à un autre niveau dans une explication du texte (critique interne).

Sur ce point aussi la linguistique a quelque chose à suggérer. Les diverses méthodes qu'on vient de nommer en dernier lieu proposent toutes de chercher, dans l'œuvre, des structures. Or l'expérience linguistique enseigne aussi que la notion de structure, prise isolément, n'est probablement d'aucun secours tant qu'elle n'est pas liée organiquement à une notion bien plus fondamentale : celle de fonction. Une structure (il y en a des centaines, voire des milliers dans une œuvre) n'a d'intérêt, répétons-le avec force, que si elle est pertinente elle aussi d'un certain point de vue, *c'est-à-dire si elle a une fonction* décelable dans l'œuvre. Chercher des occurrences de structures dans un texte peut et pourra devenir un principe d'explication aussi vain que chercher des sources l'était il y a cinquante ans, si l'on ignore cette observation capitale. Les structures ne sont pas pertinentes par elles-mêmes. Exactement comme en linguistique les structures, c'est-à-dire les formes des signifiants, ne sont qu'un moyen au service d'une fin, qui est la production et la communication des signifiés, proprement littéraires ici. Toute théorie qui oublie cet axiome passe à côté d'un usage adéquat de la linguistique en littérature. Rien ne le démontre mieux que ce fait : les genres littéraires ont des structures passe-partout dans lesquelles se coulent les belles œuvres et les mauvaises — au point qu'on pourrait définir celles-ci comme les œuvres dans lesquelles des structures (copiées rhétoriquement) sont vidées de toute fonction littéraire.

La difficulté, en littérature, par rapport à la linguistique, c'est qu'un texte littéraire est un produit culturel infiniment plus complexe qu'un énoncé linguistique. Lors même qu'on se place au point de vue juste d'une recherche des pertinences et des fonctions, rien n'est plus difficile que d'éviter la confusion quant aux fonctions exercées, par rapport au texte, par les divers éléments qu'on ramène dans le filet lancé sur l'œuvre et autour de l'œuvre. Tel fait, les relations de l'écrivain romantique avec l'argent par exemple, peut avoir toujours une pertinence historique, mais transparaître très différemment : dans l'œuvre même, chez Balzac (pertinence génétique, pertinence dramatique); dans la correspondance ou la gestion du compte en banque au Crédit lyonnais, chez Hugo (pertinence historique, peut-être psychologique?). Tel autre fait : l'admiration de Baudelaire pour Aloysius Bertrand, peut expliquer les poèmes en prose du premier (pertinence historico-littéraire, et sans doute génétique) sans pouvoir rendre compte d'autre chose au niveau du poème lui-même. Un freudien pourra tenter d'expliquer l'avarice de Gide, bien attestée, par des raisonnements qu'on entrevoit facilement (pertinence psychanalytique au niveau biographique) : mais quel rapport avec *Paludes* ou *Les Faux-monnayeurs?* On constatera de même la récurrence statistique de tel mot, chez tel auteur (structure lexicale significative quant à la langue), mais c'est à un autre niveau d'analyse qu'il faudra prouver qu'il s'agit d'un tic, ou d'un thème (le vocabulaire marin, dans *Les Travailleurs de la mer* n'a pas la même pertinence que dans *Les Fleurs du mal*), ou d'une obsession révélatrice (*chevelure* ou *parfum* chez Baudelaire); etc. Le péché capital, ici, c'est de vouloir qu'un fait qui a une pertinence historique, historico-littéraire, sociologique, psychologique, psychanalytique, voire linguistique ou stylistique, ait par là même, *ipso facto,* une pertinence proprement littéraire, c'est-à-dire un pouvoir d'expliquer pourquoi le texte est *ce* texte, a cette valeur. Tranchons le mot, rien n'est acquis tant qu'une structure, un fait quelconque, produits pour éclairer le texte, n'ont pas répondu à cette question : quelle est leur contribution à la production de la qualité esthétique du texte, quelle est leur pertinence esthétique, leur fonction proprement esthétique ici et maintenant? C'est-à-dire encore : comment prouver qu'ils sont des éléments qui contribuent à obtenir l'effet esthétique que le texte produit sur les lecteurs, ou sur tel ou tel lecteur? Tout le reste est science auxiliaire.

Une telle façon de voir permet d'examiner un dernier problème, le seul problème pratique qu'on veuille aborder ici.

Lorsqu'il s'est agi de proposer des méthodes, les participants aux débats actuels se sont prononcés toujours de la même façon : ne pas imposer une méthode à l'exclusion des autres, n'en privilégier aucune — parce qu'elles paraissent toutes assez intéressantes pour être proposées; parce que, pour un même texte, il existe plusieurs méthodes d'approche; ou encore parce qu'il faut laisser à chaque enseignant le maximum d'initiative et de liberté; quelquefois, même, parce qu'il serait déraisonnable d'imposer une méthode scientifique quelconque à un enseignement qui par nature doit rester non scientifique. On n'échappe pas à l'impression que cette attitude est dictée, certes, par un libéralisme authentique, indispensable à la vie de l'art pédagogique; mais c'est aussi un éclectisme qui paraît le reflet d'une certaine indécision quant à la validité des méthodes proposées, quant à leur compatibilité, quant à la possibilité même de leur coopération, ou quant à l'ordre de leur succession logique dans l'approche totale d'un texte.

Mieux vaut ce pluralisme qu'un dogmatisme sans fondement. Mais il semble que les notions de pertinence et de fonction peuvent aider à entrevoir une hiérarchie défendable. La lecture vécue doit rester le moment premier. C'est elle qui fournit les données esthétiques de base, les premières émotions vierges du lecteur devant le texte. Péguy n'a pas raison pour autant, car nous savons bien qu'il n'y a jamais de lecture à ras de texte, et que toute lecture est conditionnée par un milieu culturel, même chez l'enfant de sept ans. Il ne s'agit donc pas d'opposer de façon anti-dialectique deux types de lecture qui seraient incompatibles, inconciliables : une lecture affective brute, et deux lectures intellectualistes. Tout au plus peut-on avertir les tenants de ces deux derniers types de lecture, inlassablement, que toute sous-estimation du moment premier de la lecture impressionniste, de la lecture vécue, risque de tuer ce qui est proprement littéraire dans l'étude de la littérature, et de la réduire sans profit pour personne à une province de l'étude de l'histoire et de l'idéologie. Quant à la lecture historique et à la lecture immanente elles-mêmes, leur place se trouve déterminée dès qu'on accepte de soumettre leurs apports à la double question : Ce fait est-il pertinent quant à la saisie du texte ? Quelle est la fonction esthétique de l'élément, de la structure dégagés du texte ? On peut répondre alors qu'il n'y a plus de danger — sinon dans la difficile application pour chacun — de voir évacuer ce qu'il y a de littéraire dans la littérature. Plus de danger non plus de minimiser, dans l'approche du texte, le moment du contact subjectif, ni de surestimer la place du moment de l'analyse objective : il cesse d'y avoir antinomie (une antinomie qu'on acceptait par esprit de conciliation) entre activité non scientifique et méthodes scientifiques à propos du même objet. La vérité de la consommation de la littérature par le lecteur n'est pas dans une crispation métaphysique au profit d'un de ces deux moments, mais dans l'acceptation comprise d'un va-et-vient jamais terminé entre eux. Synthèse optimiste dans l'abstrait, qui exigera beaucoup pour être réalisée dans la pratique — mais pas plus que n'exige actuellement des maîtres une approche des textes, riche d'expérience et de scrupule, nourrie de sensibilité et de personnalité, mais moins assurée théoriquement de la légitimité de ses démarches.

IV

LA POÉTIQUE DE ROMAN JAKOBSON

Roman Jakobson a exposé sa théorie sur la poésie, de manière organique, dans un texte intitulé « Linguistique et poétique » en 1960. Ce texte occupe quarante pages de ses *Essais de linguistique générale*[1]. C'est un copieux essai de synthèse qui, plutôt riche et luxuriant que dense, méritait d'être lu et travaillé de très près. Malheureusement, du moins en France, il a été surtout consulté par des spécialistes de littérature, peu familiarisés avec la linguistique. Ils lui ont demandé presque exclusivement des formules passe-partout, et des techniques superficielles d'analyse substituées assez mécaniquement à celles de l'explication de texte traditionnelle. Il n'y a pour ainsi dire pas eu de réflexion ni de discussions théoriques sur ces pages qui, étant donné la notoriété de Jakobson, auraient pu et dû provoquer la même animation culturelle que les manifestes du surréalisme, ou *Variété* de Valéry, entre 1920 et 1940.

En effet, Jakobson proposait une définition de la fonction poétique qu'il aurait fallu analyser et assimiler avant de pasticher les explications jakobsoniennes des *Chats* ou de *Spleen* de Baudelaire. On aurait dû voir que sa définition de la fonction poétique était constituée de fragments dont l'assemblage n'est pas réalisé dans son texte, et contradictoires parfois; définition parcellaire donc, syncrétique plus que vraiment unitaire sur le plan de la théorie linguistique.

Car on ne trouve pas moins de six ou sept suggestions sur le caractère spécifique du texte poétique pour répondre à la question centrale, parfaitement posée : « **Qu'est-ce qui fait d'un message verbal une œuvre d'art?** » (p. 218). En premier lieu, la fonction poétique c'est « la visée *(Einstellung)* du message en tant que tel », « l'accent mis sur le message pour son propre compte » (p. 218), formules peut-être ésotériques qui semblent suggérer la vieille thèse (formaliste) d'une prééminence de la forme linguistique sur le contenu, la forme devenant en quelque sorte le contenu. Le message poétique se qualifierait par l'élaboration d'une forme spécifique (Jakobson écrit

---

1. R. Jakobson, *op. cit.*, pp. 209-250.

expressément que cette élaboration du message poétique en est « le critère linguistique », p. 220) : « La fonction poétique, dit-il alors, projette le principe d'équivalence de l'axe de la sélection sur l'axe de la combinaison. » (p. 220 ; voir aussi pp. 221, 235, 238). Il entend par équivalence la répétition, la récurrence (de phonèmes, d'accents, de mètres, de mots, de structures grammaticales, etc.). Et la projection de ces équivalences paradigmatiques (un comparé avec tous ses comparants par exemple) se fait sur le plan syntagmatique (comme dans l'énoncé *La terre est bleue comme une orange*). C'est ce qu'il appelle une « phrase équationnelle », critère même, selon lui, de la fonction poétique. Cette formulation ne recouvre donc en fait, elle aussi, que la vieille thèse chère à la critique russe depuis Biélinski, que la poésie est la pensée par images ; et Jakobson répète qu'il n'y a pas de poèmes sans images (p. 244). Il étend seulement le concept d'**image** à toutes les récurrences, quelles qu'elles soient. Les parallélismes phoniques (allitération, rime, etc.) sont des images, mais phoniques. Les répétitions de structures grammaticales (les féminins, les pluriels, les temps verbaux, les propositions surbordonnées, etc.) sont des tropes ou des figures, mais grammaticales (p. 244). Comme les Formalistes russes qui furent ses compagnons de jeunesse, il insiste énormément sur toutes ces récurrences structurales, ces symétries (p. 221), ces parallélismes (pp. 225, 235).

Toutefois, comme la culture de Jakobson est énorme et qu'il a cherché dans tous les domaines, avec des fortunes diverses, à l'intégrer dans un système˙ explicatif unitaire, il récupère ou tente de récupérer malgré tout des rapports entre forme et contenu, ou forme et sens. Sa définition partielle de la fonction poétique comme art de rompre les récurrences attendues (notamment les formes métriques ou prosodiques consacrées, ou les structures rhétoriques codifiées par une tradition), de briser « le haut degré de probabilité » (p. 127) qu'engendrent les structures régulières totalement prévisibles pour obtenir un effet de surprise, « d'attente frustrée » (pp. 228, 232), tente une nouvelle approche de la définition de la poésie, antagoniste des précédentes. C'était d'ailleurs déjà l'une de celles des Formalistes russes, la théorie de l'*ostraniénié*, de l'étrangéification des messages qui deviennent poétiques parce qu'ils rompent avec les stéréotypies de la langue quotidienne, lesquelles enregistrent elles-mêmes les *Gestalten* routinières de notre perception du monde.

Force est de retrouver, derrière ces nouvelles formulations stimulantes, les vieilles thèses sur la poésie comme perception neuve et fraîche, comme perception enfantine du monde, en bref la théorie de la poésie comme quête et découverte du nouveau — et, dans le domaine linguistique strict, la théorie du style comme écart. La tradition littéraire française, peu nourrie de von der Gabelentz, de Charles Bally, de Léo Spitzer et même de Pierre Guiraud, n'a pas été vraiment sensible d'ailleurs à cet apport jakobsonien. Mais elle n'a pas vu non plus que, si la fonction poétique est cette opération d'*ostraniénié*, tous les raisonnements sur les symétries, les récurrences et les parallélismes formels tombent : ils sont la bourre entre les contrastes, il faut donc les expliquer — si on ne va pas jusqu'à en nier la nécessité, comme il faudrait le faire en bonne logique et comme l'ont fait certains courants poétiques.

Jakobson s'écarte aussi de la tendance à hypostasier les formes et les structures, en elles-mêmes et pour elles-mêmes, par une autre définition de la fonction poétique, encore différente, irréductible aux précédentes. Cette fois, ce qui est mis au premier plan, c'est la poésie comme art de « mettre en évidence le côté palpable des signes » (p. 218). Le contexte de cette formulation, qui ressort à différents endroits de l'essai (pp. 219, 241, où reparaît le mot *palpable*), semble très clair. Ce qui est souligné, c'est le pouvoir qu'ont certaines sonorités, par leur structure acoustique et articulatoire, de suggérer certaines significations (pp. 235, 240, 241). Et, de nouveau, force est bien de reconnaître ici toutes les théories phonétiques de la musicalité des sons du langage, codifiées notamment par Maurice Grammont. Toutefois, fidèle à son appétit, tout à fait remarquable d'ailleurs, pour la prise en considération de tous les acquis universels, Jakobson semble d'autres fois suggérer — comme le Saussure des *Anagrammes* ou le Valéry des *Cahiers* — que le pouvoir des récurrences sonores ne consisterait pas dans la valeur symbolique — ou iconique — des sons, par exemple l'acuité du *i* français propre à suggérer l'acuité des bruits (*pif! tic, cri,* etc.), des perceptions (*épine, cime,* etc.), des sentiments (*mépris, ironie, jalousie,* etc.), voire la petitesse (comme ont cherché à le vérifier les travaux de Chastaing). La répétition des sons, quelles qu'en soient les propriétés phoniques, jouerait uniquement pour la construction d'une architecture sonore qui s'imposerait à la mémoire et qui soutiendrait le sens, sans l'exprimer par analogie. Par exemple dans le vers de Nerval :

Un pur esprit s'accroît sous l'écorce des pierres

tout le charme proviendrait de la succession :

PRS / PRS / KRS / L / KRS / D / PR

sans qu'il soit question de chercher l'accord entre une musicalité (inexistante) de ces groupes de consonnes et le sens qu'elles véhiculent. L'exemple et l'idée, ici aussi, sont chez Paul Valéry.

Mais d'autres fois encore, semblant revenir au formalisme pur, Jakobson avance une cinquième ou sixième formulation de la fonction poétique. Le poème, alors, « doit être [...] un objet qui dure » (p. 231), il doit y avoir une « réification du message poétique », une « conversion du message en une chose qui dure » (p. 239) exlusivement fondées sur les récurrences, les réitérations formelles. Cette nouvelle définition rappelle aussi Valéry (« La poésie est l'art de changer ce qui passe en ce qui subsiste »). Mais elle ne paraît pas compatible avec celle qui se fonde sur une qualité spécifique de la signification poétique, ni avec celle de l'*obstraniénié,* qui postulent que la poésie n'est pas seulement dans la structuration du message mais aussi dans l'information (neuve, inattendue) qu'il nous apporte sur l'univers non linguistique.

Enfin, Jakobson suggère aussi que la fonction poétique a pour objet de produire des messages ambigus (pp. 232, 233) ; que « l'ambiguïté est une propriété intrinsèque, inaliénable, de tout message centré sur lui-même », qu'elle est « un corollaire obligé de la poésie » (p. 238). Sa justification de cette nouvelle thèse est plus que cursive, voire spécieuse. Même si elle formule une observation classique (l'œuvre littéraire est toujours *ouverte,* elle s'offre à l'observation objective d'un ensemble de lecteurs comme la somme d'une quantité désespérante de significations diverses, ou divergentes, ou contradictoires), cette thèse esquive le problème : elle codifie comme une règle fonctionnelle un phénomène qu'il faudrait expliquer. Et c'est, en histoire littéraire, la vieille thèse du style difficile et de l'hermétisme.

Ce qui frappe le plus un linguiste, à la lecture de ce long texte suggestif, exubérant, plein de connaissances encyclopédiques sur la poésie, c'est l'absence, étonnante chez un des fondateurs de l'école fonctionaliste de Prague, de toute analyse véritable des rapports entre les formes ou structures poétiques (connues, décrites, exploitées avec maestria) et leur fonction au sens linguistique du terme. Certes, Jakobson est immensément trop cultivé pour l'ignorer tout à fait. Mais s'il fait une trop brève allusion à la tâche de la poétique, qui serait « la description des beautés intrinsèques de l'œuvre littéraire », tout se passe chez lui comme si ces beautés intrinsèques étaient exclusivement les architectures formelles, les récurrences bien agencées, les symétries parfaites, les parallélismes : ce serait beau parce que c'est structuré, la beauté serait la structure en soi, *I like Ike* et *Vidi, veni, vici* seraient aussi beaux l'un que l'autre (et Jakobson commente plus lyriquement le slogan électoral d'Eisenhower que la formule césarienne). C'est la négation de tout structuralisme opératoire sur le plan littéraire.

Certes aussi la pensée de Jakobson est trop agile pour oublier tout à fait en cours de route les données fondamentales de la réalité linguistique. Il dit donc que « la poétique n'est pas enfermée dans l'art du langage » (p. 210) tel qu'il le décrit. Il sait aussi très bien que tout message, y compris le message poétique, peut ressortir à toutes les fonctions linguistiques et qu'on les y trouve le plus souvent toutes (p. 214), c'est-à-dire qu'un message poétique a d'autres composantes : référentielles, émotives, conatives, peut-être phatiques, etc. Il sait, autrement dit, que les structures poétiques ne sont pertinentes que si elles ont une fonction dans la communication. Mais il ne se pose jamais la question de savoir comment ces structures assurent cette fonction, ni quelle est la spécificité de cette communication — qui en est bien une, et non pas le plaisir de la pure contemplation intellectuelle de l'agencement des structures, une sorte de mots-croisés supérieurs ; car ce serait précisément la mort de la poésie comme l'a décrite Hegel, la compréhension intelligente et froide de la structuration du message se substituant au plaisir de recevoir ce message qui en est bien un, et quel message !

En fait, un linguiste français, nourri de poésie française, n'échappe pas à l'impression (on verra pourquoi dans un instant) que Jakobson codifie avec un luxe de détails étonnant une théorie de la poésie traditionnelle versifiée, et qu'il est plus à l'aise avec la poésie des pays où les formes traditionnelles, pour toutes sortes de raisons, ont survécu (Russie, Angleterre, Tchécoslovaquie, Yougoslavie, etc., et toutes les poésies du passé). Sa préférence pour ces domaines s'explique à mon avis par un phénomène capital, qu'il aurait su décrire et analyser mieux que quiconque s'il était parvenu à le percevoir correctement : il confond, dans l'analyse de la poésie, les structures esthétiquement pertinentes avec les structures mnémotechniques qui en ont été longtemps, presque jusqu'à nos jours, l'infrastructure, le support purement matériel. Tous les phénomènes métriques, prosodiques, phoniques, grammaticaux, sémantiques, qu'il collectionne et qu'il analyse avec une grande justesse, sont des structures non pas musicales en soi, ni poétiques en soi, mais mnémotechniques, c'est-à-dire inventées par des civilisations de transmission orale pour aider la mémoire à conserver certains discours : toutes les récurrences, toutes les symétries, tous les parallélismes sont ici à peu près sûrement pertinents du point de vue mémoriel. La place capitale de la syllabe (p. 220 *et passim*), qui n'a aucune fonction dans la communication linguistique (d'où les tracas qu'elle a toujours donnés aux phonéticiens et aux linguistes) est significative à cet égard. Non moins significative est la prédilection de Jakobson pour « les formes de poésie les plus nettement découpées et *stéréotypées* [qui] se prêtent particulièrement bien à l'analyse structurale » (et pour cause) (p. 236 et ss.), et pour les poètes (Poe, Mallarmé, G. M. Hopkins, Valéry) qui ont été hantés par cette recherche des formes mémorisables qu'ils confondaient avec les formes éternelles en soi. Jakobson ne codifie donc que les universaux de toute versification et de toute rhétorique. Il est impuissant à expliquer pourquoi tout vers n'est pas poésie (l'abbé Delille a construit des chefs-d'œuvre jakobsoniens), pourquoi tout écart ne fait pas style, pourquoi toute *phrase équationnelle* n'est pas une belle image, toute étrangeté ne fait pas œuvre, etc. Il faut lire (p. 221) la faiblesse des arguments qu'il avance pour résoudre le problème si intelligemment posé — mais non résolu — par Hopkins : Pourquoi ces deux vers du décalogue du catéchisme

Tes père et mère honoreras
Afin de vivre longuement

ne sont-ils pas un sommet de la poésie française, avec ces belles symétries du premier vers

[t / pr / mr / n / rr]
ou [tp / rm / rn / rr]
et [éè / éè / oo / ea]

Les formalistes, qui ne peuvent pas répondre que formes et structures sont des *moyens* au service d'un contenu qui est une *fin*, ne peuvent pas résoudre ces problèmes.

La contre-épreuve de cette façon de voir est fournie par un autre fait, central ici : Roman Jakobson capitule devant l'expérience poétique française de 1870 à 1970. En effet, si, pour toutes sortes de raisons, l'invention de l'imprimerie n'a tué la transmission orale que très lentement, la poésie française, durant ce dernier siècle, a opéré de façon irréversible une révolution copernicienne (très mal aperçue, même de ses promoteurs) en séparant toujours plus savamment la communication poétique de son infrastructure mnémotechnique : dans ses meilleurs moments (avec Lautréamont, Rimbaud, les grands surréalistes, Valéry même, etc.), elle a cassé tous les formalismes externes, toutes les rhétoriques, toutes les béquilles poétiques, selon le mot de René Char ; elle a essayé de faire aller la langue à la poésie tout droit. A ce phénomène immense (par rapport auquel la dernière décennie marque en France une régression), comment réagit Jakobson ? Il n'ignore pas le problème mais il l'escamote en deux lignes : « *Si l'on excepte* les variétés du vers dit libre qui sont basées sur la combinaison des accents et des pauses... », écrit-il (p. 223) ; et il passe. Ou bien : « ... sans parler de son rôle [celui de l'intonation] fondamental dans les mètres d'un artiste du vers libre tel que Walt Whitman... » (p. 230), et il passe. Ou encore : « La prose présente à la poétique des problèmes plus compliqués... » (p. 243), et il passe.

C'est ignorer que les structures efficaces du « vers libre » sont de nature totalement différente de celles dont traite Jakobson. Ici, intonation et pauses, groupes rythmés, étendues périodiques sont déterminés non par des canons externes, mais par des rapports intrinsèques, internes, entre structures et significations ; ce sont les significations qui déterminent les structures, sans la médiation des poétiques et des rhétoriques traditionnelles — au moins dans le principe et les cas réussis. La fonction des structures est de manifester directement le sens poétique, sans musique ni métrique parasites. Pour la poésie du passé (qui ne meurt pas pour autant) des travaux comme ceux de Georges Lote ont montré qu'au moins depuis Racine il y a eu un effort continu, commencé chez les comédiens du XVIIe siècle, pour substituer peu à peu cette diction fonctionnelle, où la musique est interne au texte, à la fameuse diction rituelle dite circonflexe, qui était la diction commandée par les structures métriques ou rythmiques formelles. C'est-à-dire que nous détruisons la structuration jakobsonienne pour lire tout message, y compris celui d'Homère, dans sa poésie pure, libérée — même si elle en reste culturellement colorée — de tout son appareil mnémotechnico-métrique.

En fait, malgré son extraordinaire plasticité intellectuelle, Jakobson, en formulant sa théorie de la poésie, n'était pas un linguiste fonctionaliste praguois mais était resté le formaliste russe de 1916, et son formalisme était alors profondément déterminé par les conditions russes. Dans un pays où régnait depuis cent ans la critique « civique » (c'est-à-dire politique) de Biélinski, Herzen, Tchernychevsky, Dobrolioubov — critique engagée qui, même chez ses représentants les plus souples et les plus sensibles, était une critique de contenu —, le mouvement formaliste était une réaction saine, mais une réaction dans tous les sens du terme, notamment avec son excès. Réagissant contre un courant qui sous-estimait la forme, les formalistes, sauf les meilleurs d'entre eux, surestimèrent cette même forme jusqu'à nier très anti-dialectiquement toute nécessité d'un contenu de l'œuvre. Jakobson est le témoin de ceux qui ne surent pas trouver l'équilibre. Globalement, la fonction poétique telle qu'il la conçoit est frappée par une énorme majoration *in abstracto* des formes et des structures en poésie. Cet avatar n'est d'ailleurs pas isolé dans l'histoire de la littérature. A des siècles qui privilégient le contenu succèdent des siècles qui déifient la forme. Il faut simplement remarquer que l'excès de formalisme apparaît comme plus nocif que l'excès contraire : les époques de triomphe du formalisme (grands Rhétoriciens, ou XVIIIᵉ siècle, par exemple) sont remarquables par leur pauvreté poétique, et ce ne sont pas les travaux anatomiques des épigones moins doués de Jakobson qui les réhabiliteront.

L'influence de celui-ci, au moins en France dans les quinze dernières années, a été considérable. Elle a confirmé un mouvement qui était né sans lui, une réaction formaliste contre la littérature engagée sartrienne, et contre celle d'un certain marxisme sans doute trop dogmatique, qui parlait du respect de la recherche formelle en soi mais fluctuait gravement dans ses jugements sur les œuvres concrètes. On est sensible aujourd'hui au fait que le journalisme cultivé de pointe commence à sentir le déclin de cette vague des recherches formelles pour la recherche formelle, et prend ses distances avec ironie vis-à-vis des productions qu'il célébrait naguère avec la conviction des néophytes. Le formalisme a déjà son avenir derrière lui. Et dans le domaine de la critique les exercices jakobsoniens dans le style de l'explication des *Chats* ne continuent peut-être à séduire que des pédagogues de province en retard d'une vague. Levin n'a pas poursuivi l'effort annoncé dès 1958 par ses *Poetic Structures* ; l'excellente vulgarisation que constituaient *les Structures du langage poétique* de Jean Cohen a fait long feu ; Ruwet a renoncé à ses démontages distributionnels ; Riffaterre et Kibédi Varga, très vite, ont pris leurs distances. On peut dire, après quinze ans, que la théorie de la fonction poétique de Jakobson (et non pas à cause de son caractère peu satisfaisant au niveau théorique, ce qui aurait pu stimuler la recherche) a été significativement improductive. Il reste cependant quarante pages historiques qui n'auront pas eu le sort, en profondeur, qu'elles méritaient à leur date.

V

LA STYLISTIQUE DE MICHAEL RIFFATERRE

Dans l'extraordinaire floraison de théories stylistiques qui, depuis celle de Charles Bally vers 1900, nous proposent inlassablement de déchiffrer le grand secret de l'œuvre littéraire, celle de Michael Riffaterre est d'un des chercheurs qui représentent encore la génération la plus jeune, l'un des trop rares qui soient solidement formés et non hâtivement recyclés. De plus, il a relativement peu écrit, il est facile à saisir, à cerner, il est clair — à la différence de tant de faiseurs esotériques. Il offre cet autre avantage d'englober dans une synthèse, peut-être involontaire mais assez organique, à peu près tout ce qui l'a précédé. Son œuvre bien rassemblée, l'une des plus originales de ces dernières années, peut-être la plus significative, sûrement la plus instructive, peut encore aujourd'hui se voir enfermée dans les *Essais de stylistique structurale*[1], qui recueillent la quasi-totalité de ce qu'il a publié entre 1960 et 1970.

L'intérêt majeur des écrits de Riffaterre est à mes yeux qu'il offre une bonne douzaine de définitions de la stylistique et du style, toutes formellement bien précisées. Ce qui fournit une base excellente pour réfléchir au problème de savoir s'il les organise en un ensemble, et comment — ou bien pour découvrir cette organisation non explicitée, discuter si ces définitions sont compatibles entre elles et selon quelle hiérarchie proposable. (Il est assez déprimant de penser que le meilleur ouvrage de stylistique paru en français ces dernières années se trouve être probablement celui qu'on lit, qu'on cite, qu'on discute le moins : trop clair et trop solide à la fois pour le snobisme et le psittacisme des semi-cultivés que produisent nos *mass media,* depuis la page hebdomadaire de journal jusqu'à l'hebdomadaire dit de culture, du papotage radiophonique à la télévision littéraire de pseudo-salon.)

Sa première définition, que je crois la plus centrale, est celle-ci : « La stylistique étudie les traits des énoncés qui visent à imposer au

---

1. Paris, Flammarion, 1971.

décodeur la manière de penser du codeur[2] ». Si l'on observe que décodeur égale lecteur, et codeur, écrivain, d'une part, et que « la manière de penser » du codeur c'est au fond ce qu'on appelle depuis toujours l'intention de l'auteur, d'autre part, la définition semble au premier abord moins originale qu'il n'y paraît. Comment détecter, selon quelle méthode, et comment définir aussi, cette « manière de penser », sans circularité? Parler de « viser » pose également, sans plus, tout le vieux problème de la conscience ou non-conscience, chez l'écrivain, de ce qui constitue réellement son activité créatrice. Parler d' « imposer » au lecteur la façon de sentir de l'auteur, c'est aussi trancher le nœud gordien : y a-t-il toujours réussite, ou non? Cela ne risque-t-il pas de nous reconduire toujours aux analyses de la vieille rhétorique? Comment, muni d'une telle définition, répondre au solide paradoxe de Raymond Queneau, selon qui « Le vent se lève, il faut tenter de vivre » et « Le fou se lave, il veut têter ta veuve » (ou « tâter ta verve ») imposent au décodeur la même espèce d'attention, par les mêmes moyens? Faut-il en conclure qu'il s'agit là d'un *rewording* de très vieilles notions acquises, dans une terminologie passagèrement prestigieuse? Sans doute, mais partiellement. Chaque époque a besoin de se reposer ces problèmes dans sa propre langue : l'essentiel est qu'elle n'ignore pas qu'elle repose les mêmes problèmes, qu'elle ne s'imagine pas trop vite innover radicalement. Je préférerais, pour mon compte, suggérer que cette première formulation de Riffaterre procure moins une définition du style qu'elle ne trace à la stylistique un programme, et même un bon programme : la stylistique doit ou devrait étudier comment un texte agit sur un lecteur.

La deuxième définition de Riffaterre explicite la première : « La stylistique étudie l'acte de communication, non pas comme produisant simplement une chaîne parlée, mais [...] comme obligeant l'auditeur à l'attention[3] ». Cette nouvelle formulation risque de ne pas paraître beaucoup plus originale que la précédente, si l'on se souvient de l'existence de toute une tradition de poétiques de l'hermétisme, dont l'ultime porte-parole a été Valéry (« Mallarmé créait

---

2. *Preprints of Papers for the 9th International Congress of Linguists,* 1962, Cambridge Mass., p. 209. Voir aussi, *Essais de stylistique structurale, op. cit.,* p. 145.
3. *Preprints,* p. 209; *Essais,* pp. 145, 146.

donc en France la notion d'auteur difficile », écrit-il; et aussi : « Il introduisait expressément dans l'art l'obligation de l'effort de l'esprit »[4].) Mais il est moins important de savoir si cette formule est originale que de savoir si elle est vraie. Pourquoi faudrait-il obliger le lecteur à l'attention? Comment cette contrainte se réaliserait-elle dans les énoncés toujours admirés pour leur simplicité? Comme le fameux :

Je ne l'ai point encore embrassé d'aujourd'hui

d'Andromaque; ou bien :

Une femme suit des yeux l'homme vivant qu'elle aime

de René Char; ou bien le dernier vers, extraordinaire, qui termine le récit des amours de Paolo et Francesca dans la *Divine comédie* :

E quel giorno più non vi legemmo avante.

Une troisième définition répond à ces questions, à la première du moins : « La stylistique étudie seulement, dit cette fois Riffaterre, [...] les règles combinatoires qui empêchent le décodeur d'employer le décodage minimal suffisant pour la compréhension, et de remplacer (par son propre choix de ce qui est important [dans le message]), celui de l'encodeur[5] ». Cette définition retrouve celle de l'*ostraniénié* des formalistes russes, la théorie de l'étrangéification nécessaire du message poétique. La vie quotidienne use rapidement toutes nos sensations, la langue quotidienne émousse toutes les notations de ces sensations ou perceptions; contre cet automatisme de l'habituation et de la quotidienneté, la langue poétique est celle de la désautomatisation, de la nouveauté (Chklovski, Tynianov, etc.). Il y a là aussi une vieille vérité, connue depuis toujours par les poétiques du nouveau, de l'originalité; et une vérité psychologique de la communication : nous traversons ordinairement sans la moindre attention la forme des messages pour aller droit à leur sens (notre mémoire, sauf dressage particulier, retient presque toujours le sens de ce qui est dit, non la forme textuelle). Et nous lisons toujours trop vite. Mais la théorie de Riffaterre devrait répondre à cette objection : Pourquoi ne suffit-il pas d'attirer l'attention pour la retenir en poésie? Pourquoi les œuvres les plus maniaques de nouveauté formelle sont-elles à peu près toujours les plus mortes historiquement, une fois passés les six mois ou les cinq ou dix ans de surprise du public?

---

4. *Variété II*, Paris, Gallimard, p. 224.
5. *Preprints*, p. 210; *Essais*, p. 148.

Une autre variante de cette troisième définition nous est proposée aussi par Riffaterre, quand il dit que, par opposition à la linguistique, la stylistique étudie comment, dans le message poétique, « le décodage est ralenti »[6]. Mais cette nouvelle formule ne répond pas non plus à l'objection des énoncés qui nous subjuguent par leur simplicité formelle. Ainsi, pour en donner encore un exemple, le dernier vers de *l'Infinito* de Leopardi, si justement célébré (qui ne contraste même pas avec une absence de simplicité de tout le reste du poème) :

E il naufragar m'è dolce in questo mar.

La quatrième définition du style essaie de démontrer la validité de la deuxième et de la troisième. Le ralentissement du décodage, qui explique lui-même comment est obtenue l'attention du lecteur, est justifié à son tour ainsi : la stylistique étudie l'acte de communication linguistique « en tant qu'il transporte une quantité élevée d'information »[7]. Si l'on admet, comme c'est le cas général aujourd'hui, la définition classique du concept d'information (au sens qu'il a dans la théorie de l'information) comme la valeur d'un signal inversement proportionnelle à sa fréquence d'occurrence, ou probabilité d'apparition dans le texte, la liaison de cette définition avec les trois précédentes est évidente, et rigoureuse. Si je commence une description par cette phrase : « Dans le jardin, il y avait un... », nul doute que des unités telles que *pommier,* ou *dahlia,* ou même *visiteur* ne réveilleraient guère mon attention, comme le fait au contraire, dans *Tartarin de Tarascon,* l'apparition de *baobab.* (S'il s'agissait d'un jardin de Niamey ou de Bamako, l'effet ne serait pas le même). C'est certainement le concept d'information qui rend le mieux compte de l'effet produit par les trouvailles admirées depuis toujours chez les poètes : *la mer violette* et *la mer vineuse* chez Homère, *l'eau prismatique* de Verhaeren, *Ce toit tranquille où marchent des colombes* de Valéry. Mais la théorie de l'information est inapte à détecter la charge poétique proprement dite avec ce seul critère d'improbabilité d'une occurrence : *la mer indéfrisable,* si un surréaliste l'avait écrit, plus hautement improbable que *la mer vineuse,* apportant une plus grande information, serait donc une

---

6. *Preprints,* p. 210; *Essais,* p. 149.
7. *Preprints,* p. 209; *Essais,* p. 145.

image plus belle que celles d'Homère. C'est d'ailleurs l'erreur où tombent les *artistes du verbe,* comme on dit, qui se bornent à « renouveler la langue » : ainsi les symbolistes qui, au lieu d'écrire que la mer était bleue, fourraient des « flots céruléens » dans tous leurs poèmes. Un soi-disant artiste à la mode, se souvenant d'avoir lu quelque part chez Taine quelque chose sur *le tronc lisse et bossué des platanes,* n'aurait pas de mal aujourd'hui à surenchérir avec *le tronc musculeux, le tronc pythonien,* voire *le tronc dinosaurien* ou *le tronc polystyrénien* des platanes. Le gros problème de cette quatrième définition de la stylistique, c'est donc qu'on peut fabriquer à froid des charges élevées d'information, qui ne font pas style, et dont la limite est l'ésotérisme ou le maniérisme. Quand l'abbé Delille, au lieu d'écrire *la grêle,* dit :

> *Et des frimas durcis les balles bondissantes*
> *Sur la terre sonore au loin retentissantes,*

il augmente énormément la quantité d'information transportée par son vers. Comme Eluard lorsqu'il écrit :

> *C'est le mystère de l'air pur, celui du blé. C'est le mystère de l'orage, celui du pauvre*[8].

Vers indéchiffrables. *Dans la charge poétique d'un énoncé, il y a quelque chose d'autre, ou de plus, que le pur accroissement de la quantité d'information.*

Quand Riffaterre, par une cinquième définition, qui veut préciser la quatrième, énonce que « le stimulus de l'effet stylistique [ce qu'il appelle aussi le contraste stylistique] consiste en éléments de très basse probabilité »[9], il est persuadé ici encore d'être original. Original par rapport à Jakobson définissant la fonction poétique comme la production d'une *defeated expectancy,* d'une attente déçue ; ou par rapport à Kibedi Varga, qui parle à ce propos de *surprise* ; ou comme tous ceux qui ont parlé du style en tant qu'invention, comme originalité, comme renouvellement des formes expressives, comme nouveauté (comme modernité), etc. Riffaterre est même persuadé qu'il s'oppose ainsi à la plus ancienne définition scientifique du style, celle de von der Gabelentz, de Marouzeau, de Pierre Guiraud, comme un *écart* par rapport à la norme[10]. Il objecte à ces vieilles vues, généra-

---

8. *Choix de poèmes,* Paris, Gallimard, 1946, p. 213.
9. *Preprints,* p. 210; *Essais,* p. 149.
10. *Preprints,* p. 210; *Essais,* p. 149.

lement, que c'est définir le style comme une entité opposée à la langue, alors que le style et ses effets sont entièrement contenus « dans la langue[11] » d'une part, et que, d'autre part, c'est donner du fait stylistique une définition statistique, qui n'est jamais réalisée, puisqu'on ne propose jamais une énumération exhaustive des formes linguistiques normales, par rapport auxquelles tout écart constituerait un fait de style. Mais, lorsque Riffaterre définit ce même fait de style comme un contraste (dit stylistique) entre un contexte fait d'éléments banals, hautement prévisibles, etc., et un ou plusieurs autres éléments de très basse probabilité, il dit exactement la même chose. Il perçoit en effet le contraste, et la haute ou basse probabilité de tel ou tel élément de l'énoncé, sans aucune investigation statistique, uniquement par son intuition linguistique et stylistique, comme tout le monde. Il saisit quelque chose comme neuf par opposition avec ce qu'il a l'habitude d'entendre, et d'attendre, sur un thème donné ; tout en sachant bien, lui-même le dit, que cette nouveauté ne suffit pas, car « une déviation par rapport à la norme ne coïncide pas nécessairement avec le style »[12] ; la présence d'un élément de basse prédictibilité non plus — puisque *c'est la même chose.*

Enfin, par une sixième définition, qui apporte aux précédentes un trait de plus, il pose que « la stylistique traite seulement des structures linguistiques qui n'admettent aucune substituabilité[13] ». On reconnaît immédiatement, là encore, une très vieille intuition bien formulée depuis longtemps : « La poésie est ce qui ne peut pas être dit autrement » ; ou encore, comme Victor Hugo[14], repris par Valéry qui attribue la formule à Mistral : « En poésie, le fond, c'est la forme » ; ou encore : la poésie, c'est ce qui est intraduisible. Cette sixième définition exprime donc l'exigence maximale déjà contenue dans les précédentes, en expliquant le pourquoi de leur insuffisance. Il n'y aurait (parmi tous les énoncés qui obligent à l'attention, qui contraignent le lecteur à décoder comme l'auteur a codé, qui contiennent un élément de très basse prédictibilité) qu'un type d'énoncés linguistiques proprement poétiques (ou littéraires, ou

11. *Preprints,* p. 209; *Essais,* p. 146.
12. *Essais,* p. 149.
13. *Preprints,* p. 210; *Essais,* p. 148.
14. V. Hugo, *William Shakespeare,* introduction par B. Leuilliot, Paris, Flammarion, « Nouvelle Bibliothèque Romantique », p. 398.

esthétiques) : ceux qui « n'admettent aucune substitution ». Mais la formule ne dit pas le pourquoi de cette propriété exorbitante de certains énoncés, ni ne donne de critères formels pour les reconnaître — sauf si on recourt à ceux des définitions précédentes qui, nous l'avons vu, ne sont ni formellement décrits, ni surtout décisifs.

Ces six définitions, toutefois, constituent un groupe homogène qui retient, à propos du fait stylistique, un certain nombre de caractères déjà bien aperçus auparavant, redits ici avec force et précision. Un autre groupe va nous placer à un point de vue assez différent.

Par une septième définition Riffaterre, en effet, pose que « la tâche de la stylistique est [...] d'étudier le langage *du point de vue* du décodeur »[15]. Le groupe de définitions antérieures attirait certes déjà l'attention sur l'importance de ce qui se passe chez le lecteur pour rendre compte de la stylistique, mais ici ce lecteur est désigné comme devant occuper le centre de l'analyse stylistique. Une huitième définition le redit avec force : « La stylistique sera [donc] une linguistique des *effets* du message »[16]. Puis une neuvième : « En bref, [la stylistique] étudie les moyens de l'efficacité [*efficiency, expressiveness*] linguistique »[17]. Ce nouveau groupe de définitions tend à fournir les critères que ne procurait pas le premier groupe : ce qui va fournir le point de départ objectif de l'analyse stylistique d'un texte, ce seront ses *effets* sur le lecteur, « puisque ses réactions, ses hypothèses sur les intentions du codeur et ses jugements de valeur sont autant de réponses aux stimuli encodés dans la séquence verbale »[18]. Il s'agit ici de définitions qui, sous une apparence de choses archi-connues, sont en fait extrêmement révolutionnaires. Elles ne postulent **a priori** aucune liste de causes déterminées (comme le font toutes les rhétoriques, et toutes les théories littéraires) à ces effets produits par les stimuli en question. *Ce sont d'ailleurs les effets qui devraient permettre d'identifier les stimuli authentiques, et non l'inverse.* Il s'agit là d'un renversement capital de point de vue. On passe de la stylistique génétique (celle des causes, toujours supposées) à une stylistique expérimentale, clinique. Il s'agit d'abord de détecter, de constater ces effets, quels qu'ils soient — phase de

---

15. *Preprints*, p. 209; *Essais*, p. 146.
16. *Preprints*, p. 209; *Essais*, p. 146.
17. *Preprints*, p. 209; *Essais*, p. 145.
18. *Preprints*, p. 209; *Essais*, p. 146.

l'analyse toujours considérée comme donnée, toujours escamotée dans les analyses traditionnelles. Riffaterre est si neuf ici qu'il ne parvient pas à maintenir la cohérence de sa construction. Dans le texte même où il affirme tout ce qui vient d'être cité, il affirme aussi, contradictoirement, que « les critiques se fourvoient en essayant d'employer l'analyse formelle uniquement pour confirmer ou infirmer leurs évaluations esthétiques »[19] (il ne voit pas que celles-ci sont l'expression des effets qu'ils ont perçus, ou cru percevoir, en eux lors de la lecture). Il affirme également que « la perception intuitive des traits stylistiquement pertinents d'un énoncé est insuffisante pour nous fournir des unités stylistiques [*stylistic forms*] linguistiquement définissables »[20] (on peut faire ici la même observation que ci-dessus). En effet, poursuit-il, « perceptions ou jugements de valeur dépendent des états psychologiques variables des lecteurs, et ces états varient à l'infini »[21]. Certes, c'est bien voir les difficultés qu'on rencontre quand on veut aborder l'œuvre (dont il est banal aujourd'hui de répéter qu'elle est **ouverte**) du point de vue de ses effets[22]. Difficultés qui peuvent provenir du fait que le lecteur se projette à tort psychologiquement dans le texte, d'une part, — difficultés qu'on rencontre à la fois pour percevoir exactement, puis pour exprimer ces réactions du décodeur et les mettre en corrélation certaine avec telles ou telles formes [stylistiques] du texte, d'autre part. Beaucoup de lecteurs ont admiré et admirent encore cette réplique de *Bérénice* :

Vous êtes empereur, seigneur, et vous pleurez.

Nul doute que l'effet produit, si effet il y a, ne provienne de stimuli (sinon tous, au moins pour partie linguistiques) encodés dans le texte et le contexte. Mais l'alexandrin y est-il pour quelque chose? Ou tout ce que le spectateur sait déjà du caractère de Titus et de celui de Bérénice, et de leur aventure, seulement? Ou bien encore de la seule antithèse *empereur / pleurez?* Ou bien aussi de la rime intérieure *empereur / seigneur,* qui souligne la mise en apposition de *seigneur,* à la césure? Et quel est le rôle possible (musical?) de cette apposition à cette place? L'analyse des effets « esthétiques » (car il ne sert

19. *Preprints,* p. 209; *Essais,* p. 145.
20. *Preprints,* p. 209; *Essais,* p. 145-146.
21. *Preprints,* p. 209; *Essais,* p. 146.
22. Tandis que le texte, lui, « ne change pas » *(Preprints,* p. 209; *Essais,* p. 146).

à rien de refuser ce dernier mot) d'un énoncé reste une chose très difficile, Riffaterre est dans le vrai. Mais ce n'est pas une raison, parce que la seule chose à faire est difficile, pour renoncer à l'entreprendre. La marche en avant de la science est faite de ces difficultés, reconnues mais affrontées. Riffaterre voit bien que « l'analyse linguistique seule ne peut pas discerner parmi les éléments d'une séquence quels traits linguistiques sont aussi des unités stylistiques »[23], c'est-à-dire qu'il n'existe pas (contrairement à ce que croient toutes les rhétoriques et poétiques codifiées) des rapports automatiques entre des signifiants stylistiques et des effets stylistiques qui seraient leurs signifiés toujours garantis d'avance. Mais, tout en posant l'observation des effets produits réellement par le texte à la base de toute analyse, il hésite à rechercher systématiquement ces effets, sans préconception, chez le lecteur, lorsqu'il condamne le recours à « la perception intuitive des éléments pertinents d'un énoncé littéraire ».

Cette hésitation fondamentale est d'ailleurs spectaculaire dans la pensée de Riffaterre. En effet, dans un premier temps, autour de 1960, il met sur pied une procédure (originale, ingénieuse, efficace comme première approche malgré ses imperfections) pour essayer de détecter les stimuli du texte auxquels répond le lecteur par ses réactions, c'est-à-dire par l'effet que le texte produit sur lui. Cette procédure, Riffaterre l'a baptisée le concept d'archilecteur (*average reader,* puis *super-reader*). Il entend par là, sur un texte donné, par exemple *L'Invitation au voyage* de Baudelaire, la collecte patiente de toutes les réactions qui ont été exprimées à l'égard de ce poème : depuis celles de Baudelaire lui-même, premier de ses lecteurs, jusqu'à Théophile Gautier, jusqu'à Laforgue, jusqu'à tous les critiques, tous les chercheurs, tous les traducteurs même, dont on peut retrouver le témoignage écrit. Riffaterre ne semble pas avoir eu l'idée de constituer son archilecteur, à la façon des sociologues, par un échantillon représentatif (d'étudiants, par exemple), mais Kibédi Varga l'a fait[24]. L'archilecteur de Riffaterre est sans doute imparfait, d'abord parce qu'il embrasse d'emblée la diachronie, sans distinguer

---

23. *Preprints,* p. 209; *Essais,* p. 146.
24. *Les Constantes du poème,* thèse de l'Université de Leyde, s.l., s.n.é., 1963, cf. note 81, p. 230. Voir aussi, G. MOUNIN, *La Communication poétique,* Paris, Gallimard, 1970, pp. 279-280.

les couches historiques de lecteurs. Mais il est un concept objectif, il permet enfin d'étudier de près — avant de ratiociner dessus dans le vide — ces phénomènes irritants, la subjectivité des lectures, les désaccords, l'évolution des réactions dans le temps, les faits de projection, les contresens, *et leurs causes*. Il fournit aussi, à côté d'une première approche objective de ces variables de la lecture, le seul point d'ancrage solide pour explorer, s'il en est — et il y en a — les invariants esthétiques du texte. C'est le seul outil proposé jusqu'ici pour répondre scientifiquement à la question de Jakobson : « Qu'est-ce qui fait d'un message une œuvre d'art ? » (réponse qui est, selon nous : l'action réelle, authentique, cliniquememt explorée, que le message fait sur ses lecteurs). L'archilecteur est le seul outil aussi pour essayer de répondre au problème de Marx : le difficile, ce n'est pas d'expliquer comment l'apparition de la poésie d'Homère est liée à telles ou telles conditions économiques, politiques et sociales, culturelles, idéologiques — mais pourquoi elle nous émeut encore aujourd'hui.

A côté de ce second groupe de définitions de la stylistique, qu'il renonce beaucoup trop vite à exploiter, Riffaterre en propose encore un troisième, qui présente un point de vue, de nouveau, franchement différent des deux premiers. Cette fois, « la stylistique étudie l'acte de communication linguistique [...] comme portant l'empreinte de la personnalité du locuteur »[25]. Ceci pourrait répondre, et répond sans doute en effet, aux questions que laissaient en suspens les deux premiers groupes de définitions. Pourquoi le texte littéraire *réussi* attire-t-il et retient-il l'attention du lecteur, le contraint-il, lui lecteur, à lire et à voir par les yeux de l'auteur, en ralentit-il le décodage, le saisit-il, le surprend-il par sa nouveauté ? Pourquoi produit-il, sur tel et tel lecteur, à la différence de tant d'autres textes, ces effets singuliers — qu'il est assez vain, répétons-le, de vouloir dénommer plutôt stylistiques que poétiques ou esthétiques, ou l'inverse, puisqu'ils dénomment la même réalité psychologique, vue à des niveaux de généralité différents ? C'est parce que ces textes, à la différence des autres, en plus de la quantité d'information (au double sens, statistique et sémantique) qu'ils fournissent, portent l'empreinte particulière de la personnalité — et il faut entendre ici : de la

25. *Preprints*, p. 109; *Essais*, p. 145.

sensibilité, de l'affectivité, de l'émotivité *contagieuses* — du locuteur-écrivain. Toutes les autres définitions de la stylistique ne décrivaient que des moyens, efficaces seulement s'ils collaboraient au service de cette fin. Notons que c'est là aussi une très vieille intuition sur l'art littéraire, déjà bien appréhendée par Buffon quand il disait « Le style est de l'homme même », et par les philosophes ou esthéticiens qui ont défini l'art comme « l'homme ajouté à la nature ». Riffaterre, ici encore, tourne malheureusement court. La seule question décisive maintenant serait : comment déceler cette « empreinte du locuteur » sur son texte, empreinte spécifique qui donne à celui-ci la qualité d'œuvre d'art ? Riffaterre ne s'attarde pas sur ce vécu de l'émetteur-écrivain qui marque l'énoncé (vécu auquel les *Essais* ne font peut-être allusion qu'en employant le terme *expressiveness*[expressivité]). On ne répétera pas ici la réponse, qui est celle de Prieto[26], de Granger quand il analyse « l'individuation du message » que réalise le style[27], de Martinet quand il démontre que cette empreinte est liée à l'aptitude à exprimer les franges les plus individuelles du vécu qui s'attache à chaque signifié pour chacun de nous[28].

Tout entier tendu vers la découverte d'une technologie du style — d'une détection des stimuli linguistiques encodés dans le texte, accomplie sur la base de procédures uniquement formelles —, Riffaterre passe donc rapidement sur sa définition centrale, qu'il mentionne dans une espèce de parenthèse, comme un trait accessoire, insuffisant, de sa définition. A cette dixième définition succèdent donc chez lui une onzième, une douzième, qui reviennent encore à l'analyse des moyens formels, abstraction faite de leur rapport dialectique avec une fin qu'il oublie : ces moyens formels sont-ils la manifestation de l'empreinte du locuteur, et sont-ils responsables de l'effet produit sur le lecteur ? Maintenant, « la stylistique étudie [...] les techniques les plus complexes d'expressivité [...] avec ou sans intention esthétique de la part de l'auteur — comme art verbal »[29], elle étudie aussi la forme, comme construction destinée à être un

---

26. « Langue et style », *La Linguistique* 1/1969, pp. 5-24.
27. *Essai d'une philosophie du style*, A. Colin, 1968.
28. *To Honor Roman Jakobson, op. cit.*, t. II, pp. 1288-1294.
29. *Preprints*, p. 209 ; *Essais*, p. 145.

objet qui dure (c'est encore Valéry tout pur), « susceptible d'être répétée, mémorisée, citée »[30]. Nous retombons ainsi, comme chez Jakobson, sur les moyens hypostasiés en tant que fin en soi. Quoi de plus adéquat comme illustration de telles définitions que ces quatre vers immortels du *Sonnet à Uranie* :

Votre prudence est endormie
De traiter magnifiquement
Et de loger superbement
Votre plus cruelle ennemie.

Quels parallélismes lexicaux et grammaticaux et phoniques, quelles rigoureuses symétries, quel admirable double chiasme en abîme (*prudence* ENDORMIE / CRUELLE *ennemie,* souligné par *votre* / *votre,* encadrant *de, -er* / *de,* —*er,* et *-ement* / *-ement*), quel objet sonore éternel ! On ne saurait mieux faire.

Une treizième définition, qui n'est pas neuve non plus (Jakobson en a été l'avant-dernier héraut), propose une autre explication encore de l'effet stylistique produit sur le lecteur. Dans la littérature (anglais *fiction*), le référent tendrait à devenir purement verbal, et la poésie obscure serait l'aboutissement de cette évolution ; dès le moment où les ambiguïtés sont expressément cherchées au lieu d'être résolues, « la fonction référentielle cesse [...] et la fonction stylistique règne »[31]. On est retombé dans les truismes de l'hermétisme poétique, lequel se voit présenté tout ensemble comme une règle de production et comme un critère, et non comme ce qu'il est en réalité : un risque dû à l'effort d'individuation du message, risque couru pour transmettre à tout prix le vécu le plus incommunicable de l'émetteur. Ce serait beau parce que ce serait ambigu, parce que ce serait obscur, parce que ce serait « ouvert ». Cette théorie a toujours été le refuge des critiques absolument insensibles (et on ne perçoit jamais que Riffaterre, ou Jakobson, ou leurs épigones soient capables d'émotions esthétiques) : ils remplacent l'émotion, absente, qui serait l'effet du texte sur eux, la base obligée de toute analyse pertinente[32], par des raisonnements qui leur donnent une impression,

---

30. *Preprints,* p. 209 ; *Essais,* p. 148.
31. *Preprints,* p. 213 ; *Essais,* p. 155.
32. Riffaterre est pourtant sensible à cette exigence. Il se demande si « certaines structures [qui] ne jouent pas de rôle dans sa fonction et son effet comme œuvre littéraire » doivent être prises en considération. (*Essais,* p. 310, et aussi 318, 319, 324). Mais il passe.

73

fausse mais sécurisante, d'activité « excitante » sur le texte. Ce que dit Riffaterre à propos du commentaire que Jakobson et Lévi-Strauss ont fait des *Chats* de Baudelaire[33] est décourageant. Excellent quand il est polémique, Riffaterre est stérile quand il essaie de nous expliquer l'effet produit par les *Chats* sur les lecteurs qui en ont parlé parce qu'il oublie totalement de chercher en quoi peut bien consister l'empreinte de l'émetteur. Pour lui, comme pour Jakobson, cette empreinte, c'est l'élaboration formelle en tant que telle, décrite autrement que par Jakobson. Pour lui, la stylistique reste « l'art verbal, avec ou sans intention esthétique ». L'abbé Cotin, de ce point de vue, rivalise avec Baudelaire.

D'une certaine manière, on peut penser que la réflexion continue de Riffaterre embrasse à peu près tout ce qu'on a pu dire et qu'on peut redire aujourd'hui sur le style et sur la stylistique. Mais ce tout reste présenté sans cohérence logique interne. L'exposé qu'on vient d'en faire est, déjà, une réorganisation de cette réflexion. Cependant, sans doute, l'ordre des raisons le plus satisfaisant serait-il celui-ci, formulé avec les termes mêmes de Riffaterre : l'art verbal, avec ou sans intention esthétique, ne peut être mis en évidence — quant à ceux de ses éléments qui sont *pertinents* dans un texte, *hic et nunc* — que par « l'étude des moyens de l'efficacité linguistique », efficacité qui ne peut être révélée et appréhendée que par les effets produits par le message. Ces effets sont ceux qui imposent au décodeur la façon de penser du codeur, en obligeant le lecteur à l'attention. Cette attention, requise et obtenue par le texte, provient de ce que le lecteur est empêché d'employer la manière habituelle du décodage minimal, est obligé de procéder à un décodage ralenti (ou différent). Comment est obtenu ce ralentissement ? Par le fait que le message transporte une charge élevée d'un *certain type* d'information, en utilisant des éléments ou une structure de très basse probabilité et, à la limite, en utilisant des structures qui n'admettent aucune substituabilité. Et pourquoi l'émetteur veut-il imposer au récepteur, dans ces messages particuliers, sa façon de penser ? Parce qu'il essaie alors de transmettre dans son message un type d'information très particulière, non seulement une information purement linguistique, mais aussi l'empreinte de sa propre personnalité à

---

33. *Essais,* pp. 307-364.

propos du référent de ce message, son vécu le plus intime, ses connotations les plus voisines de l'ineffable ou du jamais-encore-dit-comme-ça par la langue — ce qui l'oblige à toujours fonctionner aux limites du code[34], à donner l'impression d'être presque toujours en train d'essayer de violer le code, avec tous les risques d'ésotérisme et d'hermétisme que comporte une telle tentative. Lorsque le lecteur entrevoit, reconnaît, puis accepte cette expression comme celle d'un vécu très voisin du sien propre, il y a communication poétique (esthétique). Selon le mot de Martinet, alors, « la culture, ce sont les connotations partagées ».

---

34. *Preprints,* p. 210.

DEUXIÈME PARTIE

LECTURES CRITIQUES

I

LE « LAUTRÉAMONT » DE BACHELARD

Le livre a presque quarante ans[1]. Il a compté tout de suite. Il a fait figure d'œuvre forte, suggestive. Il a nourri toute une génération qui — déjà! — cherchait à dépasser la critique universitaire. C'était le temps où Valéry mettait en pièces l'histoire littéraire et l'approche biographique traditionnelles, dans sa série *Variété I, Variété II*, etc. Ceux qui ont lu l'ouvrage de Bachelard alors ont aujourd'hui soixante ans et plus. Cette *nouveauté* de 1939, dont l'entrée en scène fut peut-être à peine moins retentissante que celle du *Sur Racine* de Roland Barthes, a-t-elle résisté au temps? La façon dont elle nous apprenait à lire une œuvre a-t-elle tenu? Le *Lautréamont* de Bachelard est-il devenu partie intégrante de notre patrimoine? Après quarante ans, pour ceux qui ont vécu cette expérience critique — et peut-être pour d'autres — le bilan vaut d'être fait.

Vue à travers son *Lautréamont* — qui est un livre à part dans son œuvre critique, le second qu'il ait écrit après la *Psychanalyse du feu* (1937), et le seul de son espèce ainsi totalement centré sur un seul poète —, la critique poétique de Bachelard apparaît aujourd'hui fondée sur des principes disparates. On y sent immédiatement le poids des conditionnements d'époque. Par exemple, parce que c'était le temps de la grande vogue bergsonienne (Albert Thibaudet ne pouvait pas écrire alors dix lignes dans la N.R.F. sans y fourrer le mot *durée*), Bachelard exprime superficiellement son intuition de lecteur des *Chants de Maldoror* en termes bergsoniens. Le livre est caractérisé par un « temps de l'agression » (p. 3), différent du « temps végétal » (p. 9) parce que « l'ardeur est un temps » (p. 13), parce que la métamorphose animale est « la conquête [...] d'un nouveau temps » (p. 15). Les poètes peuvent vivre dans « un temps vertical », ou dans « un temps franchement métamorphosant, vif comme une flèche qui court aux bornes de l'horizon », etc. (p. 74). On est en face, ici, d'un exercice classique en France : récrire des

---

1. G. BACHELARD, *Lautréamont*, Corti édit., 1939.

vérités premières, ou des vues impressionnistes, dans la terminologie du jour, avec les métaphores à la mode. Bachelard écrit *temps* ou *durée* là où une critique musicaliste vingt ans plus tôt ou plus tard aurait écrit : *tempo* ; là où une critique traditionnelle aurait écrit, sans aucune perte conceptuelle, avec plus de clarté : *rythme*. Il est certes difficile d'échapper aux tics de son époque, pour qui que ce soit, mais ce n'est pas une raison pour refuser de les apercevoir a posteriori — même sans grand espoir d'en préserver plus que quelques très bons esprits par génération. On est d'autant plus assuré ici du caractère épidermique de cette terminologie bergsonienne que Bachelard l'abandonne très vite, après le chapitre premier, sans en tirer quoi que ce soit.

Bien que plus originales à cette date de 1939, ses quelques références à la phénoménologie sont au moins aussi vulgarisatrices. Il écrit « phénoménologie de l'agression » (p. 3) « phénoménologie essentiellement dynamique » (p. 42), « phénoménologie animalisante » (p. 46), « phénoménologie animale » (p. 160), là où il s'agit simplement d'un inventaire descriptif des formes animales, d'une revue du thème et des images animales dans *Maldoror*. Il est désolant de surprendre un esprit de la qualité de Bachelard en flagrant délit d'inflation verbale (mais il faut le dire, même si Bachelard ici n'en présente que la forme bénigne, parce qu'il s'agit là d'une maladie typique, qu'on ne signalera jamais assez, que Jean Rostand nomme à bon droit la rage d'employer « des mots plus gros que les choses »).

La culture riche, curieuse et entreprenante de Bachelard prend beaucoup plus, et beaucoup plus profondément, à la psychologie *posturale* (pp. 11, 106, 109, 119, 120) de Schilder, de Head, et de Jean Lhermitte dont *L'Image de notre corps* a fortement éclairé sa lecture ou sa relecture de Lautréamont. Une intuition aussi visiblement personnelle que la découverte par Bachelard de l'agressivité ducassienne doit beaucoup, elle aussi, au fait d'avoir été contemporaine de cette lecture apparemment fortuite. Toute intuition a toujours un arrière-plan culturel.

Mais le vrai principe de la critique poétique de Bachelard, celui qui est à l'œuvre dans le livre de bout en bout, c'est le recours à la psychanalyse. C'est par là qu'il nous a frappés en son temps. Non que la psychanalyse avant lui n'ait pas été proposée comme instrument d'investigation dans le domaine esthétique : Freud lui-même l'avait fait. Mais Bachelard gagna sur le champ sa bataille, peut-être par la qualité littéraire de son exposé, l'élan, l'adhésion, l'*allegro* du petit livre (tout juste 200 pages aérées, typographiquement limpides, aux beaux caractères larges et gras, qui se lisaient d'un trait).

Avec la psychanalyse, nous atteignons en effet le principe explicatif de sa lecture de Lautréamont. Savoir ce que vaut cette utilisation de la psychanalyse par Bachelard n'est pas de la compétence du linguiste, et n'est peut-être pas encore de la compétence du critique littéraire, même en 1977. Nous aurons besoin de beaucoup de travail interdisciplinaire. Surtout, les prochaines générations auront encore besoin d'une bonne formation pluri-disciplinaire pour juger si l'emploi que fait Bachelard de la psychanalyse est correct, et solide. Le paradoxe ici sera peut-être qu'il ait raisonné juste sur des figures (partiellement) fausses.

La clé de son interprétation, c'est que chaque homme garde dans son inconscient tout le passé biologique de l'espèce, animal, puis humain ; qu'« il suffit d'ailleurs de prendre conscience de l'animalité qui subsiste en notre tête » (p. 4), par exemple de construire « le *bestiaire* de nos rêves » (p. 20), pour que « l'ardent passé animal de nos passions ressuscite à nos yeux épouvantés » (p. 6). Bien que Bachelard soit avare de références à Freud (pp. 41, 75), et que même il semble le contester (les deux mentions qu'il en fait sont restrictives), son vocabulaire est imprégné de psychanalyse à chaque page. *Complexe, désir, impulsion, psychanalyse, rêve, agressivité, défoulement, fantasme, refoulement, sublimation, transfert, abyssal, haine du père, guérison :* deux cents références, qui ne laissent aucun doute. L'unique référence à Yung *(sic),* aux archétypes, totalement élogieuse, indique d'ailleurs d'où lui vient directement son interprétation de Lautréamont (p. 171).

Cet inconscient primordial se manifeste dans le comportement, dans le fonctionnement de l'imagination, dans le rêve, dans la poésie. Lautréamont représente un cas extrême de ce complexe d'agressivité, remarquable à cause du grossissement révélateur qu'il inflige aux images. Même si l'utilisation que Bachelard fait ici de Freud, ou de Jung, est fragile ou contestable, il est évident qu'il leur doit d'avoir aperçu, et d'avoir formulé de manière éclatante, quelque chose qui est dans la poésie de Lautréamont, et qu'on n'avait pas su voir avant lui.

Bachelard est peut-être plus original encore par ses méthodes d'analyse littéraire que par le principe d'explication psychanalytique qu'il vient de privilégier. Ce complexe d'agression qu'il décèle à travers *Maldoror,* il en démontre l'existence au moyen de la prédominance des images, métaphores et métamorphoses animales. A la différence de ce qui se passe dans ses autres ouvrages de critique poétique, ici l'interprétation psychanalytique des symptômes ne soulève pas d'objection; les symbolismes sont à nos yeux — à tort ou à raison — évidents : le poète qui a tant multiplié les images d'animaux agressifs exprime ainsi certainement quelque chose qui est lié chez lui à l'agressivité. Non loin de Mauron, qui va parler de plus en plus des métaphores obsédantes comme révélatrices du mythe personnel chez l'écrivain, Bachelard fonde ici, moins par sa théorie peut-être que par ses procédures, ce qu'on appelle aujourd'hui la critique thématique, à laquelle il donne un critère : les images projectives, celles qui « se projettent les unes sur les autres avec exactitude et sûreté »[2], se recouvrant pour l'essentiel et démontrant ici l'existence en fait d'une seule et même cause profonde à toute une famille d'images (p. 70). Son *Lautréamont* aurait pu sagement s'intituler *Le Thème des animaux dans les Chants de Maldoror.*

Cette analyse thématique est encore plus révolutionnaire, à sa date, par le recours à la stylistique statistique. Chose curieuse ici, pour introduire une procédure qui n'est pas encore en vogue, Bachelard minimise les grands mots, n'étale pas sa science statistique (pp. 30, 31), préfère parler modestement d'une simple comptabilité (p. 7) d'une « comptabilité simpliste » (p. 10) d'une « comptabilité » dont il craint qu'on se moque et dont il s'excuse par avance (p. 30). Il ne compte d'ailleurs jamais jusqu'au bout, pour le plaisir de compter : quand l'indice est identifié, il se contente de le marquer d'un *souvent* (p. 9), d'un *innombrables* (p. 39), d'un *nombreuses* (p. 40), d'un large *moitié moins* (p. 161).

Mais cette étude sans prétention reste un exemple de rigueur et de finesse conjuguées. Il compte certes les 185 animaux différents

---

2. Ce que Mauron nommera les « superpositions galtoniennes ».

qui comparaissent dans les *Chants de Maldoror,* et les 435 références à la vie animale. Mais les dénombrements ne sont pour lui, *comme toujours pour le linguiste averti,* que des instruments d'exploration ; et leurs résultats, que de purs indices. Le voilà qui ventile ces dénombrements ; qui supprime le cheval et le chien comme images purement externes ; qui supprime le tigre et le loup, comme stéréotypes de la cruauté banale. Et, surtout, par une démarche absolument exemplaire d'analyse littéraire combinant la recherche objective et la vigilance subjective, son échec même devant les dénombrements non probants d'animaux (cruels) lui suggère la bonne procédure, qu'aucune méthode appliquée mécaniquement ne pouvait inventer : au lieu de dénombrer les animaux, dénombrer les organes agressifs (p. 34). A partir de là le grouillement de venins, de dards et de cornes, de bouches et de dents, mais surtout de griffes, d'ongles, de becs, de serres (de canifs, aussi), de suçoirs et de ventouses, qu'il y a dans *Maldoror* apparaît en pleine lumière, au premier plan, dans toute sa signification. Le crabe et le pou, l'araignée, la sangsue, le vampire, et finalement le poulpe, prennent à leur tour tout le relief qui découle de leur signification fonctionnelle dans la structure profonde du poème, et cessent d'être ces ornements provocateurs qu'on y voyait avant Bachelard. Ici, vraiment, le critique nous apprend à lire ; et sa lecture tient toujours. Avec, en manière de corollaire, cette explication géniale, introuvable autrement, des *Chants de Maldoror,* par le thème de l'adolescence (pp. 80-102), par un ressentiment d'adolescent (p. 81), que personne n'avait su voir avant lui.

Le *Lautréamont* de Bachelard, exemplaire par ce qu'il nous découvre dans *Maldoror* et par la façon dont il le découvre, n'est peut-être pas moins exemplaire, involontairement, par les limites qu'il révèle à l'application de ce principe et de ces méthodes d'analyse critique qu'il vient d'illustrer, et par leurs échecs même.

Écartons cette première leçon qu'il donne comme tant d'autres, ce goût de la philosophie française pour la construction de toutes les phrases possibles dont les mots soient grammaticalement et sémantiquement compatibles entre eux, sans souci d'aucune autre épreuve de leur vérité. (Quand il écrit gravement par exemple, contre tout ce qu'on sait des mécanismes des comportements défensifs de tant d'animaux cruels, que « le vouloir-attaquer est une pointe » ; et, contre tout ce qu'auraient pu lui enseigner botanistes et géographes sur la morphologie des végétaux des régions subdésertiques, que « l'épine, chez le végétal, reste un mystère », (p. 42).

Plus instructif est le fait que Bachelard, influencé par un courant d'époque et par un problème qui s'y prêtait, soit parti d'une critique de l'explication littéraire par la biographie, dès sa première ligne (pp. 1, 11, 90, 132). « Qu'est-ce qu'une biographie, dit-il, peut donner pour expliquer une œuvre *originale,* une œuvre nettement isolée, une œuvre où le travail littéraire est vif, rapide, bloqué, d'où, par conséquent, la vie quotidienne est expulsée ? » Le paradoxe à méditer de ce livre est que, parti en guerre contre la biographie, son résultat le plus clair soit justement une connaissance biographique de l'auteur, et rien de plus apparemment ; plus intime, plus profonde certes, mais une connaissance biographique — et non pas l'explication des raisons pour lesquelles l'œuvre vit en nous, nous plaît, nous parle, nous émeut encore ou nous fascine ; bref, des raisons pour lesquelles cette œuvre est un grand poème.

De plus Bachelard a voulu soumettre son principe et sa méthode à plusieurs contre-épreuves : que donneraient-ils, appliqués au thème de l'animalité chez La Fontaine (p. 5), chez Kipling (p. 155), surtout chez H. G. Wells dans *L'Ile du Docteur Moreau* (pp. 146-149) et chez Leconte de Lisle (pp. 156-166) ?

Contre-épreuves extrêmement révélatrices, et non pas peut-être au sens où l'entendait Bachelard lui-même. Élevant son indice à l'absolu, il ne retrouve chez aucun des auteurs qu'il examine le thème de l'animalité employé à manifester un complexe d'agression. Et il en déduit un peu hâtivement que « pas un seul trait de physionomie animale n'est correct chez La Fontaine » ; que Wells offre seulement « une mascarade de la science, puérilisée par le souci dominant de distraire », que le cas Kipling serait plus complexe, mais sans doute assez voisin ; que Leconte de Lisle ne serait pas trop mal (il y a des traces d'agressivité chez ses animaux) s'il était moins parnassien. Ce qui saute aux yeux, c'est qu'ici les instruments de Bachelard, utilisés mécaniquement, ne donnent aucun résultat — sauf quelques analyses de détails — parce qu'ils ne servent pas à contrôler une intuition première de la subjectivité du lecteur. Il ne lui reste qu'une inutile moitié de ses dons, parce qu'il ne sent ou ne voit pas *la fonction poétique du thème animal* chez Wells, ni chez

Leconte de Lisle, fonction qui n'a probablement rien à voir ni chez l'un ni chez l'autre avec l'agressivité — alors qu'il a saisi spontanément cette fonction dans *Maldoror*.

L'exemple de Bachelard, dans un livre qui fut une réussite, enseigne une fois de plus qu'il n'y a pas de critique sans un va-et-vient dialectique entre ce que découvre la subjectivité du lecteur (puisque la poésie est une *action* sur un lecteur) et la vérification des découvertes de cette subjectivité par des méthodes objectives — et toutes les méthodes objectives peuvent être bonnes ici : chronologie, biographie, histoire littéraire, histoire tout court, aussi bien que psychanalyse. Aucune n'est privilégiée dans l'absolu. Il n'y a que des cas d'espèce. Le *Lautréamont* nous apprend à lire *Maldoror*, encore aujourd'hui, parce qu'il y a eu chez Bachelard, à propos de Lautréamont, cette coïncidence sans laquelle la critique est un système de rationalisations extrinsèques à l'œuvre, ou bien la vaticination gratuite d'une subjectivité aussi extrinsèque à cette œuvre.

II

PAUL VALÉRY ET MAURICE GRAMMONT

Tous ceux qui connaissent à la fois la biographie et la pensée de Valéry et celles de Grammont ont dû être tentés par ce rapprochement, d'où naît une question : la théorie, et la pratique, de la poésie chez Valéry doivent-elles quelque chose au grand phonéticien de Montpellier ?

Avant de répondre à cette question on ne peut s'empêcher de s'en poser une autre : est-ce paradoxe, ou justice immanente, que de soumettre à l'histoire, et à l'histoire littéraire, quelqu'un qui en a dit tant de mal ? Et faut-il s'en disculper ? Que peuvent répondre presque toutes les communications de ces *Entretiens* à celui qui disait : « La connaissance de la biographie des poètes est une connaissance inutile [...] à l'usage que l'on doit faire de leurs ouvrages[1] » ? Et aussi : « [Certains] scrutent volontiers, avec une complaisance qui fait bien voir comme ils s'égarent, ce que l'on sait (ou ce que l'on croit savoir) de la vie des auteurs, comme si l'on pouvait connaître de celle-ci la déduction intime[2]... » Et encore : « On m'enseigne des dates, de la biographie ; on m'entretient de querelles, de doctrines dont je n'ai cure, quand il s'agit de chant[3]... » Sans parler des premières pages du *Discours en l'honneur de Gœthe*, ni du *Discours sur l'histoire*.

Heureusement pour lui, et pour ce que nous faisons presque tous ici, Valéry n'a pas été conséquent dans sa condamnation de l'histoire et de l'histoire littéraire. Dans la même page où figure le premier des passages qui viennent d'être cités, il reconnaît que l'idée de conjuguer Verlaine et Villon, le conduit « à faire ici ce [qu'il] critique en général [...] Mais, cette fois, le problème biographique est inévitable. Il s'impose[4]... », écrit-il. C'est là une brèche, et considérable, si on peut montrer, et on le pourra souvent, que Valéry ne condamnait sans nuances que le recours à l'histoire ou à l'histoire littéraire

---

1. *Œuvres,* Pléiade, I, p. 428.
2. *Ibid.,* p. 1.283.
3. *Ibid.,* p. 1.283.
4. *Ibid.,* p. 428.

pratiquées pour elles-mêmes; et non pas quand elles sont *pertinentes* comme nous dirions aujourd'hui, c'est-à-dire quand tel ou tel de leurs documents, et non tous, et non n'importe lesquels, apportent une explication, si partielle soit-elle, nécessaire à éclairer l'origine (ce qui est peu), mais aussi à la substance ou à la forme du chant lui-même. Cette concession, peut-être objectera-t-on qu'elle est faite à propos d'un cas exceptionnel? *L'Oraison funèbre d'une fable,* cependant, constate non seulement que « tout s'achève en Sorbonne », mais l'admet implicitement comme légitime, puisque le poète en donne bien les raisons : le vocabulaire, la syntaxe, la stylistique vieillissent; la situation culturelle change, le texte « perd ses rapports avec l'homme », — et des éclaircissements deviennent pertinents[5]. Cette deuxième brèche dans le raisonnement contre le recours à l'histoire n'est pas la dernière. Dans l'*Avant-propos à la connaissance de la déesse,* dans *Situation de Baudelaire,* dans *Existence du symbolisme,* dans le *Remerciement à l'Académie,* Valéry brosse une véritable analyse historique, et procède à une véritable mise en place de facteurs historiques pour comprendre plus exactement Baudelaire et les symbolistes, y compris dans la substance et la forme de leurs poèmes (le romantisme est à son apogée, donc il est mortel — influence de Poe — de la musique — de la peinture — de Wagner, etc.) Plus encore, dans une page qui reste à mes yeux capitale sur ce qui distingue et même oppose l'*influence* d'un poète et l'*imitation* qu'on fait de son œuvre, la réflexion de Valéry est un modèle de recherche de ce qui est historiquement pertinent dans la transmission ou la contamination poétiques[6].

Quant aux rapports possibles entre Valéry et Grammont, la vérification biographique apporte d'abord une déception. Le second arrive à l'université de Montpellier pour y enseigner comme maître de conférences en octobre 1895. C'est le moment où Valéry, après deux années de va-et-vient entre Paris et Montpellier, se fixe à Paris, sauf pendant la période des vacances — mais l'*Introduction biographique* de l'édition de la Pléiade fait ressortir peu de séjours à Montpellier avec apparemment de grands trous entre 1895 et 1907, 1907 et 1914, 1914 et 1927, 1927 et 1935, 1935 et 1941. Les contacts

---

5. *Op. cit.,* pp. 497-498.
6. *Lettre sur Mallarmé, Ibid.,* pp. 634-635.

entre les deux hommes, et surtout la connaissance qu'ils ont l'un de l'autre, est certes bien attestée, mais par des témoins plus que par des textes. Pour résoudre ce simple problème il reste beaucoup à chercher, sur les séjours de Valéry à Montpellier après 1895. Notamment, y était-il par exemple, lorsque Grammont invita son maître, le linguiste et sémanticien Michel Bréal, à venir faire une de ses conférences ? Jürgen Schmidt-Radefeldt le suppose. et pense que Valéry et Bréal ont fait connaissance à cette occasion[7].

Qu'apporte l'exploration des œuvres ? Grammont a vécu et enseigné à Montpellier pendant cinquante ans (1895-1946). C'est un linguiste, un comparatiste ; il dispose d'un laboratoire de phonétique à partir de 1904 ; il anime la *Revue des langues romanes,* dans laquelle il signera quatre cent trente comptes rendus d'ouvrages. Il parle et écrit beaucoup sur le style et sur la poésie. Les articles qu'il considérait lui-même comme les plus importants sur ces deux thèmes sont réunis dans son *Essai de psychologie linguistique,* publié après sa mort (Delagrave, 1950). Il y traite surtout de La Fontaine (pp. 136-213) et de Hugo (pp. 15-98), mais aussi de Musset, avec des allusions à Lamartine, à Baudelaire, Hérédia, Gœthe, Pindare. La *Préface,* postérieure à 1939, ne cite pas Valéry, bien que le thème en soit : *Qu'est-ce que la poésie ?* Une seule mention, cursive et dédaigneuse, en six lignes et demie, exécute « la poésie pure », et l'abbé Bremond sans le nommer. Une ligne et demie pourrait viser Valéry plus directement : « Pour d'autres enfin la poésie c'est *l'art d'écrire en vers.* Ici, nous protestons[8]... » Les quatre-vingts pages consacrées à La Fontaine ne nomment pas une seule fois l'auteur de *Variété* — silence curieux si l'on pense que Grammont, outre le *Traité de phonétique* (1933) a écrit *Le Vers français, ses moyens d'expression, son harmonie* (1904) et un *Petit traité de versification française* (1908 ; 19e éd. en 1962).

Du côté de Valéry, l'intérêt pour le langage semble aussi ancien que ses premiers *Cahiers.* En janvier 1898 il rend compte de l'*Essai de sémantique* de Bréal dans le *Mercure de France,* mais c'est par Marcel Schwob qu'il y a été incité, on le sait. Dans ses écrits en prose, et dans ses *Cahiers,* les mots *philologie, sémanti-*

7. *Paul Valéry linguiste dans les cahiers,* Klincksieck, 1970, p. 9.
8. *Op. cit.,* p. 11.

que, phonétique, linguistique apparaissent avec une fréquence qu'on aurait de la peine à trouver chez ses contemporains, Gide par exemple; et les références au son, à l'oreille, à la musique, etc., reviennent constamment. *Diachronique* est dans un *Cahier* dès 1928. Mais, apparemment, Grammont n'est pas cité une seule fois dans l'œuvre de Valéry — sauf en ce que pourra révéler la correspondance —, bien que les *Cahiers* nomment significativement plus d'un linguiste, comme on peut le vérifier si l'on se réfère à Schmidt-Radefeldt. Il s'agit surtout de Henri Delacroix dont le traité sur le langage régnait à l'époque, mais constituait une psychologie du langage à demi demeurée d'ailleurs une philosophie du langage, bien plus qu'une linguistique. Le nom de Bréal revient, naturellement; celui de Meillet aussi, mais, comme celui de Clédat, c'est pour des recherches sur des étymologies de mots. Valéry nomme également Viggo Bröndal, avec qui il s'est entretenu à Copenhague en 1931; là encore il s'agit d'un linguiste très, et peut-être trop, nourri de philosophie, et l'entretien semble avoir porté sur la logique du langage, sujet scabreux s'il en est, même aujourd'hui.

Valéry a-t-il lu Saussure? Malgré l'emploi du mot *diachronique,* je pense que non. Schmidt-Radefeldt écrit qu' « on ne peut certainement pas nier l'influence de la pensée de Saussure sur Valéry [...] mais [que] cette influence s'est faite relativement tard »[9]. En tout cas, il ne semble pas y avoir une seule mention du linguiste genevois dans les *Cahiers.* L'intérêt de Valéry pour la phonétique et la linguistique, qui fait certes partie de son originalité, lui vient très probablement du mouvement symboliste, antérieur ou extérieur à Grammont. C'est du côté de Marcel Schwob, de Robert de Souza, de Jean Royère qu'il faudrait sans doute chercher.

En dépit de ces données, qui semblent peu susceptibles d'être mises en cause par la recherche — même si elles sont précisées ou nuancées ultérieurement —, Valéry n'a sans doute pas plus ignoré Grammont que Grammont n'a ignoré Valéry. Pour le phonéticien, outre l'allusion à ceux qui croient que la poésie est l'art d'écrire en vers (allusion qui ne peut guère viser que Valéry, à sa date), on trouve encore un coup de patte contre ceux qui croient aussi « que la langue poétique se distingue de la langue de la prose surtout par un

---

9. *Ibid.,* p. 12.

vocabulaire différent »[10]. Grammont ajoute que c'est vrai « quelquefois » en français, mais que « les suggestions qui en résultent sont ordinairement de petite envergure »[11]. Il n'est pas impossible que le linguiste montpelliérain ici aussi ait surtout pensé à Valéry qui, on le sait, était friand de ces retours au sens primitif des vocables, pour en obtenir des effets « d'archéologie étymologique »[12].

Si ces allusions peuvent prêter à discussion quant à leur destinataire, il n'en est pas de même d'une page accablante pour la phonétique expérimentale, écrite par Valéry en 1935, deux ans après la parution du *Traité de phonétique* de Grammont (mais la page peut être nourrie de tout ce que Valéry savait des travaux de Grammont depuis 1904). « Et quant à la *musique de poésie,* écrit-il alors dans *Questions de poésie,* à cette musique *particulière* dont je parlais, elle est pour les uns imperceptible ; pour la plupart, négligeable ; pour certains, l'objet de recherches abstraites, parfois savantes, généralement stériles. D'honorables efforts, je sais, ont été exercés contre les difficultés de cette matière ; mais je crains bien que les forces n'aient été mal appliquées. Rien de plus trompeur que les méthodes dites « scientifiques » (et les mesures ou les enregistrements, en particulier) qui permettent toujours de faire répondre par « un fait » à une question même absurde ou mal posée. Leur valeur (comme celle de la logique) dépend de la manière de s'en servir. Les statistiques, les tracements sur la cire, les observations chronométriques que l'on invoque pour résoudre des questions d'origine ou de tendance toutes « subjectives », énoncent bien *quelque chose* ; — mais ici leurs oracles, loin de nous tirer d'embarras et de clore toute discussion, ne font qu'introduire, sous les espèces et l'appareil du matériel de la physique, toute une métaphysique naïvement déguisée [...]. Je dois cependant reconnaître que ces recherches que je trouve peu fructueuses ont du moins le mérite de poursuivre la précision. L'intention en est excellente... »[13]. Même si on peut penser à Georges Lote (*L'Alexandrin et la phonétique expérimentale,* 1913) ou à André Spire (qui n'avait encore publié quoi que ce soit de

10. *Op. cit.,* p. 127.
11. *Ibid.*
12. Schmidt-Radefeldt, *op. cit.,* p. 109.
13. Pléiade, I, p. 1.285.

Plaisir poétique et plaisir musculaire[14]), il n'est pas un mot de cet abattage qui n'aille atteindre Grammont de plein fouet. Les deux Montpelliérains d'adoption semblent bien s'être ostensiblement tourné le dos.

L'explication vraisemblable de cette fin de non-recevoir et de ce malentendu (en dehors d'une incompatibilité d'humeur que la recherche biographique décèlera peut-être), c'est que les thèses de Grammont gênent ou contredisent celle, bien connue, de Valéry, ou ne lui apportent aucune aide.

Mais qu'est-ce que le poète oppose aux recherches abstraites, savantes et précises, du phonéticien? Lorsqu'on relit les textes en se posant cette question, et qu'on essaie de faire un recensement complet des passages qui devraient faire preuve, on est surpris de trouver surtout des affirmations trop générales, posant que la poésie est la combinaison étroite entre sens et sons du langage, sans que jamais soit décrite avec une précision suffisante en quoi consiste cette étroite combinaison : tantôt c'est une allusion à l'emploi des « harmoniques », tantôt la volonté de « rivaliser » avec la musique. Il s'agit « de tourmenter le langage commun [...], de l'enivrer de sonorités inattendues »[15]; ou bien « de restituer les lois naturelles de la musique poétique »[16] ou encore de construire « un discours qui soit chargé de plus de sens, et mêlé de plus de musique, que le langage ordinaire n'en porte et n'en peut porter »[17].

Quand Valéry propose une observation de détail, c'est encore en général une affirmation sans démonstration. Parlant d'*Adonis* : « J'y remarque ce très beau vers, écrit-il, où paraît tout à coup le grand art et la puissance abstraite de Corneille [...] : *Leurs fers auprès des miens ont pour vous de la honte* »[18]. Mais nous, nous ne saurons jamais à quoi tient ce grand art. A la page suivante, des adieux de Vénus et d'Adonis : « Ce ne sont que huit vers, mais huit merveilles; ou plutôt c'est une merveille de huit vers... », et nous n'en saurons jamais non plus le pourquoi, linguistique et musical s'entend. Toujours dans *Adonis,* à la page 79, un vers encore qui, dit

14. Corti, 1949.
15. *Variété* IV, pp. 14-15.
16. *Ibid.*, p. 16.
17. *Variété* II, p. 180.
18. *Ibid.*, p. 74.

Valéry, égaye de sa caricature l'assemblée des chasseurs peinte par le texte — vers « qui [lui] plaît assez, dont tout le comique est dans la sonorité du vers : *On y voit arriver Bronte au cœur indomptable* ». (La chose piquante est que seule une analyse du type de celles de Grammont pourrait rendre compte de l'intuition valéryenne : le grondement des trois nasales [*on, Bronte, indomptable*] alternant avec le claquement des occlusives [voi*t*-arriver, Bron*t*e, cœur, in-*d*omp*t*able]). Un peu plus loin, c'est un distique qui nous est pro-posé, « d'une exécution charmante, dont la musique moqueuse [l'] a toujours amusé » (p. 81).

> *Nisus, ayant cherché son salut sur un arbre,*
> *Rit de voir ce chasseur plus froid que n'est un marbre.*

Où est la musique, et pourquoi : moqueuse ? Rien ne le dit dans le texte. (Et là encore ce sont les techniques de l'analyse de Grammont qui suggèrent une explication : la succession des *z* ou *s* [Nisus, son salut, sur, ce] et des *ch* [cherché, chasseur] évoquant l'exercice arti-culatoire bien connu des comédiens, sur un texte franchement ludique comme *Un chasseur sachant chasser doit savoir chasser sans son chien).* Dans le *Remerciement à l'Académie,* sur Racine et sa musique[19] ; dans *Villon et Verlaine*[20] ; dans *Pontus de Tyard*[21] sur un quatrain ; dans *Variation sur une Pensée*[22] où Valéry dit que la phrase de Pascal est un *Poème* (peut-être le seul endroit où soit analysée une structure, stylistique mais non musicale), on trouverait matière aux mêmes constatations décevantes. Dans le *Cahier 5* (p. 585), en 1905, citant l'incantation magique d'Apulée dans l'*Apologie,* Valéry fait un sort à « tous ces *a* lugubres et comiques » qu'elle contient. Grammont, ici, sourirait ou protesterait vigoureusement : le *a,* voyelle française la plus ouverte, voyelle claire par excellence, voyelle acoustiquement éclatante, ne peut par soi-même être lugubre (on attendrait des *ou,* des *o,* voyelles sombres), sinon par une asso-ciation faussement phonétique, avec un contexte ou une situation qui suggèrent *sémantiquement* cette impression. Décidément, Valéry parle de phonétique à la légère, avec tous les risques de l'intuition littéraire traditionnelle, fût-ce la plus fine.

---

19. *Variété* IV, p. 14.
20. Pléiade, I, p. 432 ou 441.
21. *Ibid.,* p. 444.
22. *Ibid.,* p. 458.

Et c'est la conclusion qui s'impose : même si la phonétique impressive et expressive de Grammont[23] reste loin d'être inattaquable aux yeux de ses successeurs linguistes et phonéticiens, c'est lui qui ouvrait la voie, et qui pouvait fournir à Valéry, en son temps, les méthodes propres à expliciter et à justifier le mieux sa théorie de la poésie. Quand il explique tel vers de Hugo, comme celui-ci :

Les grelots des troupeaux palpitaient vaguement

dont la musique est « exprimée par un vers qui la fait entendre à l'oreille par son rythme, parfaitement égal et monotone, et par ses répétitions de sons, voyelles et consonnes, symétriquement disposés[24] » au moyen du schéma suivant :

é	o	é	o		a		a
g		d t p		p		p t	g
gr		tr					

il est certain que Grammont suggère exactement ce qu'il faut faire pour essayer de déceler les lois, s'il y en a, d'une combinaison étroite entre sens et sons qui permette au langage de rivaliser avec la musique, et qui rende compte de ce qu'est ou peut être la *musique particulière de poésie* chère à Valéry. (Voir aussi [25] l'analyse phonique du vers « *Et proposait à Dieu des formes inconnues,* préféré par Hugo à la rédaction antérieure : « *Essayait devant Dieu des formes inconnues* »). L'intérêt des hypothèses de Grammont, par rapport à Jakobson par exemple qui reste bien en deçà, c'est qu'il essaie toujours de discerner ce que nous nommerions aujourd'hui la pertinence, c'est-à-dire la fonction *hic et nunc* des structures phoniques qu'il détecte et formalise en solide phonéticien.

On se perd en conjectures sur cette belle rencontre manquée. Car il est impossible de postuler que Valéry ne savait pas ce qu'est la poésie. Mais, à côté des puissantes intuitions sur cet usage si spécifique du langage — qui lui font dire parfaitement : c'est « l'essai de représenter ou de restituer par le moyen du langage articulé ces choses ou cette chose que tentent obscurément d'exprimer les cris,

---

23. *Traité de phonétique,* pp. 377-424.
24. *Op. cit.,* p. 29.
25. *Ibid.,* p. 84.

les larmes, les caresses, les baisers, les soupirs » par exemple —, il semble prisonnier des clichés sur la poésie de toute la culture vieillie de son temps (la poésie comme mécanique, comme fabrication, comme rhétorique, en un mot comme exercice). Même si les goûts de Grammont, poussiéreusement universitaires pour un jeune symboliste entre 1895 et 1910, le rebutaient, il eût dû savoir l'écouter et le lire, et se reconnaître. Mais, par un dernier paradoxe involontaire (ce sont ses meilleurs), il semble bien que chez Valéry, qui a tant cherché à percer le fonctionnement de son propre esprit, il y ait eu, en ce qui concerne la poésie, une véritable tache aveugle : tout se passe comme s'il avait refusé de comprendre les mécanismes de sa véritable création poétique. La linguistique qui le passionne tôt ne lui apporte rien qui soit essentiel : des vues philosophiques, des étymologies. Il est passé à côté de ce qui fait la grandeur de Saussure — s'il l'a lu. En effet, en 1942, il croit encore que la linguistique ne s'occupe que de questions d'origine des langues, de similitudes (c'est-à-dire de grammaire comparée), « mais rien, soupire-t-il, sur son mécanisme, sur son fonctionnement »[26] ! « On fait de la nomenclature, écrivait-il auparavant, mais pas de physiologie [du langage] »[27] ! Il est passé à côté de Maurice Grammont qui pouvait lui fournir une première clé pour comprendre que la musique de poésie, pour lier sons et sens, ne doit rien à la musicalité mnémotechnique qui peut donner matière à des exercices d'euphuisme (comme *La Fileuse*) ou d'allitération purement externes : Grammont avertissait inlassablement que si les valeurs articulatoires et acoustiques d'un phonème dépendent strictement de sa nature physique, et « qu'il lui est impossible d'avoir jamais une expression qui soit contraire à cette nature », le contraire n'est pas vrai : « la valeur qui est attribuée [aux consonnes et aux voyelles] et qu'elles n'ont qu'en puissance ne devient une réalité *que si la signification du mot où elles se trouvent s'y prête* »[28]. On ne peut pas bien dire à vide.

Vengeance assez cruelle de l'histoire, peut-être ; elle nous fait toucher du doigt cette réalité : chez Valéry, son génie est à lui, mais ses limites lui viennent de son temps, de ce temps historique dans

---

26. *Cahiers*, 26, p. 757.
27. *Ibid.*, p. 446.
28. *Traité de phonétique*, pp. 415 et 395.

lequel il baignait. Le fonctionnement de la tête de M. Teste était conditionné, l'histoire nous permet déjà de définir et de mesurer ce conditionnement. Même l'histoire, qui les rapprochait à Montpellier, n'a pas eu le pouvoir de forcer une rencontre possible entre deux esprits que leurs histoires personnelles distinctes n'avaient pas formés à se comprendre. Valéry y a peut-être perdu — lui qui a tout su de la poésie — de ne pouvoir en faire une théorie cohérente : il juxtaposera jusqu'au bout « l'heureuse surprise » avec une musicalité tout externe, la mnémotechnique, et l'exercice de fabrication à froid. On ne peut s'empêcher de penser une fois de plus à cette formule de Saussure dont Valéry aurait pu saisir pourtant toute la grandeur : « Il est plus aisé de découvrir une vérité que de lui assigner la place qui lui revient [dans le système où elle devrait s'intégrer] ».

III

LES ANAGRAMMES DE SAUSSURE

L'existence des travaux de Saussure à propos de ce qu'il appelait ses Anagrammes[1] n'était pas inconnue. Il en avait fait part à Meillet (cf. Starobinski, pl 31, note 1, et pp. 157-159), à Bally (*id.*, p. 157), à d'autres sans doute si l'on en juge par des brouillons de lettres (*id.*, pp. 20, 22). Il y avait associé Léopold Gautier (*id.*, pp. 138, 151). Meillet lui-même, qui dans une lettre sans millésime encourageait Saussure à publier ces travaux (p. 159), semble beaucoup plus réservé dans sa notice nécrologique de 1913 : « A partir de cette date [1894], écrit-il, [...] Saussure aborde des sujets nouveaux, en partie étrangers à la linguistique, comme le poème des Nibelungen ; il y applique son esprit puissant, perspicace et systématique ; mais il ne se résout à rien livrer de ses longues réflexions »[2]. C'était là probablement la seule et vague indication publiée sur la nature de ces mystérieuses recherches, avant 1964, avec quelques lignes de Godel[3].

Dans la mesure donc où la publication des anagrammes comble une lacune dans la biographie intellectuelle et dans la bibliographie de Saussure, il faut remercier Starobinski d'avoir, depuis 1964 par des fragments, mis sous les yeux des linguistes ces documents, indispensables pour avoir une idée plus complète du Maître de Genève. Tout au plus doit-on regretter que l'éditeur ait été linguistiquement mal préparé pour une telle tâche. Les quelques fois où il s'aventure sur le terrain linguistique, où il aurait sans doute fallu un connaisseur de la pensée saussurienne comme Godel, Engler ou De Mauro, il est fragile.

Il postule « une analogie frappante qui marque les deux recherches [sur les Nibelungen et sur les anagrammes] où Saussure, à partir de textes poétiques, s'est efforcé d'établir l'intervention de mots, de noms ou de faits antécédents » (p. 9). Or la seule parenté,

---

1. Jean STAROBINSKI, *Les Mots sous les mots*, Paris, 1971.
2. *Linguistique historique et linguistique générale*, t. II, p. 182.
3. *Sources manuscrites du CLG de Saussure*, Genève, 1957, p. 128.

superficielle, entre ces deux recherches consiste en ceci qu'il s'agit dans les deux cas de recherches historiques. Celles qui sont dédiées aux Nibelungen, « dans lesquelles Saussure s'est efforcé de trouver la preuve que des personnages et des événements légendaires avaient pour soubassement des personnages et des événements historiques » (p. 8) vont dans le sens de toutes les recherches bien connues de l'histoire littéraire sur la transmission orale, depuis Wolf jusqu'à Bérard et Bédier. Tout au plus ses réflexions sur les substitutions de noms et les déplacements de motifs peuvent-ils aujourd'hui faire penser à Propp et Lévi-Strauss. Le seul point commun avec les anagrammes est que ceux-ci aussi peuvent avoir changé de fonction avec le temps (voir pp. 15, 60, 125).

Il est plus que hasardeux également de penser « qu'il y aurait lieu de se demander si les difficultés rencontrées dans l'exploration de la diachronie longue [?] de la légende, et dans celle de la diachronie courte [?] de la composition anagrammatique n'ont pas contribué, par réaction, à engager Saussure plus résolument vers l'étude des aspects synchroniques de la langue » (p. 9). On sait là-dessus, grâce à Godel (pp. 29-31), que cette préoccupation était centrale dans sa pensée dès 1894, déjà active dans ses cours des Hautes-Études, avant 1891 (*ibid.*, p. 29), et que la linguistique diachronique lui semblait « plus facile, amusante même » (*ibid.*, p. 34 ; voir aussi dans la lettre à Meillet, *ibid.*, p. 31). La remarque que le *Cours* (1907-1911) « est pour une bonne part postérieur à la recherche sur les anagrammes » (p. 9) ne tient pas dans cette perspective. Et, matériellement, la lettre à Pascoli qui semble être le point final de ces recherches, est du 6 avril 1909. En fait les anagrammes (1906-1909) sont à peu près contemporains des deux premiers cours (1907 et 1908-1909).

Quand Starobinski cherche à exploiter plus techniquement la réflexion linguistique de Saussure, sa lecture se révèle également peu fondée. C'est vraiment de la malchance d'accepter comme point de départ d'une réflexion sur la langue et le discours une formulation hasardée de Saussure : « La langue ne fait préalablement [au discours] que réaliser des concepts isolés » (p. 14) ; ce que Starobinski traduit aussitôt (p. 15) par « la langue, simple répertoire de concepts isolés », ou « la langue et ses éléments épars » — alors que Saussure s'est donné tant de mal à exposer le contraire. C'est ignorer justement, pour s'y appuyer, que la formule malheureuse mériterait une longue exégèse, et qu'elle est sous-tendue par une théorie de la syntaxe et de la phrase qui constitue sans doute la plus grande erreur théorique de la linguistique saussurienne : l'idée que la phrase n'est pas justiciable de la langue mais du discours (c'est-à-dire de la parole), et qu'elle n'est pas une unité linguistique.

Il n'y a pas plus de bonheur à dire, croyant paraphraser Saussure, qu' « il n'y aurait pas eu de langue — pour le linguiste — si les hommes n'avaient préalablement discouru » (p. 15). C'est le type même de débat que Saussure a refusé avec des formules excellentes : « C'est une idée très fausse de croire qu'en matière de langage le problème des origines diffère de celui des conditions permanentes », dit-il dans le *Cours* (p. 24); et plus explicitement, dans l'édition critique du *Cours* par Engler : « Si à l'origine on avait, par impossible, choisi deux signes seulement, ces deux signes se seraient partagé les objets » (*CLG* Engler, 1191). Ceci revient à rejeter un problème métaphysique, c'est-à-dire antidialectique, au sens marxiste des deux termes, pour lui donner sa vraie formulation : le code et le message, la langue et le discours, la langue et la parole naissent ensemble, et ne peuvent naître qu'ensemble. Dès qu'il y a deux cris différents, référés à deux situations distinctes, il y a code et message. En bref, il eût été plus sage de publier la matière des recherches de Saussure, sans interprétations philosophiques et littéraires conjecturales, et prématurées. Les problèmes posés restaient suffisamment vastes.

On sait que Saussure appelle d'abord anagramme, par analogie lâche avec le sens habituel de ce mot, un curieux phénomène. Il croit observer que, dans tous les vers saturniens latins, par une espèce de parallélisme ou de symétrie, chaque voyelle et chaque consonne qui apparaît une fois dans un vers doit y réapparaître au moins une autre fois; et le nombre de ces occurrences, qui ne sont pas forcément à l'initiale (p. 28), doit toujours être pair. Mais très vite, semble-t-il, Saussure dépasse cette première hypothèse, et pose qu'en réalité la règle qu'il croit avoir trouvée s'applique, non pas à des sons isolés, mais à des syllabes et combinaisons phoniques (p. 23 et *passim*), ou mieux des *diphones* (p. 46) et des *polyphones* (p. 48). Cette récurrence de certains éléments phoniques des vers lui semble commandée, non pas (ou non exclusivement) par une recherche de nature prosodique (du type de l'allitération à l'initiale, de l'assonance, de la rime), mais par l'existence d'une clé, d'un thème (p. 23), qui est le mot le plus important du texte, généralement un nom propre. Ainsi, dans une pièce consacrée à Hercule, le groupe *lei* de *affleicta* rappelle celui de *Hercolei,* et ainsi de suite pour la totalité des syllabes ou groupes de cette forme du nom. A ce niveau, il propose d'appeler *hypogramme* ce mot-thème qu'on retrouverait ainsi dissimulé sous les groupes phoniques du texte (pp. 30, 31). Il essaiera de raffiner sa terminologie (pp. 27-36) et parlera aussi de *paragramme* lorsqu'un mot dissimulé par cette espèce de *cryptographie* (pp. 69, 75) s'étend sur un espace de plus d'un mot du texte ou deux ; de *logogramme,* d'*antigramme* (p. 32), de *syllabogramme* (p. 51), d'*homogramme* (p. 52), de *paramorphe* (p. 31), de *paramime* (p. 32).

Très vite aussi, Saussure découvre que non seulement tous les vers saturniens sont soumis à cette « loi », mais aussi toute la poésie latine. Puis il trouve cette loi dans l'épopée homérique également, à sa grande surprise, car sa théorie du mot-thème n'eût dû valoir, à ses yeux, que pour la poésie épigraphique, ou lyrique, toujours pourvues d'un dédicataire au sens large (pp. 59-61). Chose plus surprenante encore, il la retrouve dans toute la *prose* littéraire latine : Cicéron, Pline, César (pp. 115-120). Enfin même, chez les poètes en vers latins de l'humanisme européen, chez le Politien (p. 139), chez Thomas Johnson mort en 1595 (p. 147), et chez Giovanni Pascoli, en plein XXᵉ siècle.

Après une courte période d'allégresse en 1906, où il a cru « tenir la victoire sur toute la ligne » (p. 20), ces découvertes successives inquiètent de plus en plus Saussure. Et toute sa recherche va se dérouler comme une lutte pour trouver une preuve de cette hypothèse qui, par l'étendue de son domaine et la précision des effets obtenus, lui paraît à lui-même presque invraisemblable.
Il rejette une première solution : la construction des paragrammes serait le produit inconscient du versificateur, obscurément conduit par des traditions, des imitations, des habitudes — le sous-produit de hasard d'une recherche intuitive, soit de propriétés mnémotechniques, soit de l'harmonie poétique (voir pp. 60, 125-126). Il opte pour l'affirmation contraire : la construction des anagrammes exige le

respect de conditions telles qu'elle ne peut pas ne pas avoir été consciente chez les poètes. Il décrit en plusieurs endroits le travail auquel celui-ci devait se livrer : « Avant tout, se pénétrer des syllabes, et combinaisons phoniques de toute espèce, qui se trouvaient constituer son THEME. Ce thème — choisi par lui-même ou fourni par celui qui faisait les frais de l'inscription — n'est composé que de quelques mots, et soit uniquement de noms propres, soit d'un ou deux mots joints à la partie inévitable des noms propres. Le poète doit donc, dans cette première opération, mettre devant soi, en vue de ses vers, le plus grand nombre de *fragments phoniques* possibles qu'il peut tirer du thème [...]. Il doit alors composer son morceau en faisant entrer le plus grand nombre possible de ces fragments dans ses vers » (pp. 23-24-26 ; voir aussi pp. 31, 34 note 1, 36, 116, 127).

En choisissant de faire des anagrammes un procédé conscient, Saussure savait qu'il se condamnait à rechercher la preuve externe de son hypothèse : la mention du procédé lui-même par les Latins, dans leurs écrits, notamment leurs écrits sur la poésie et la littérature. Starobinski a bien vu le caractère dramatique de cette quête « d'une règle observée (dont aucun témoignage exprès n'aurait survécu) » (p. 40 ; voir aussi pp. 124, 135, 136, 148). Saussure, en effet, n'a rien trouvé : « De la tradition occulte dont l'existence apparaît là, nous ne savons rien », écrit-il (p. 133) ; on n'a jamais signalé aucune allusion là-dessus chez les métriciens latins (pp. 134-135). Trois ou quatre fragments obscurs, chez Tibulle, chez Suétone et chez Martial pourraient être tirés dans ce sens à grand-peine (pp. 136, 137), mais Saussure a le bon sens d'y renoncer, comme il renoncera définitivement à ses recherches, vers avril 1909, lorsque le silence de Pascoli lui prouve qu'il a fait fausse route — puisqu'un excellent poète ne sait pas que les poèmes latins qu'il envoie chaque année aux concours de poésie latine d'Amsterdam sont bourrés d'anagrammes (pp. 149-151).

Tout au long de sa longue recherche, en même temps qu'il était fasciné par la présence réelle des anagrammes qu'il découvrait (ce qui, à ses yeux, était en soi un fait irrécusable), Saussure n'en a pas moins été obsédé par l'hypothèse qui éclairerait son échec : et si par hasard tout cela s'expliquait « par l'effet des chances naturelles et de la limitation des diphones dans la langue » ? (p. 50 ; voir aussi p. 128).

« Le chercheur ne serait-il pas victime d'une illusion provenant du nombre limité de syllabes grecques »? (p. 129; voir aussi p. 131 et p. 151, le 6 avril 1909). « La matérialité du fait peut-elle être due au hasard? » (p. 133). Et Saussure s'interroge, en août 1907, sur « ce qu'il faut penser de la réalité ou de la fantasmagorie de l'affaire entière » (p. 138). Il refuse cette issue : « On est à deux pas, écrit-il, du calcul des probabilités comme ressource finale » (p. 132) et « cette discussion des chances devient l'inéluctable base de tout » (p. 133). Mais il la refuse parce que cela « équivaut à demander ce qui ne peut être l'œuvre d'un homme, à moins qu'il ne consacre à un seul résumé fastidieux de ce genre une portion notable de sa vie », et parce que « ce calcul, en l'espèce défierait les forces des mathématiciens eux-mêmes » (p. 132), ce qui n'est plus vrai aujourd'hui.

Ici aussi Starobinski a bien vu le drame de la recherche (pp. 63, 115, 117, 119, 123, 128; p. 137 : « Saussure a longuement cherché une méthode qui lui permît de prouver que les hypogrammes n'étaient pas le fruit du hasard »). Mais au lieu de s'arrêter sur cet obstacle central, il l'escamote par des considérations purement verbales, sur lesquelles on reviendra. Le problème reste donc entier, bien posé par Saussure lui-même : « Supposons et accordons que les anagrammes n'existent pas, [...] que le retour de [tels] mots dans [telles] phrases [...] ne peut tenir par aucun lien à une imitation phonique de ces noms. Nous serons fondés à demander alors *sur quoi repose cette association,* car elle est incontestable » (p. 118). Saussure a raison : s'il n'y a pas production consciente et volontaire d'anagrammes, quel est donc l'artefact qui lui procure infailliblement cette illusion? (Starobinski [p. 158] voit bien que le même artefact permet de retrouver le nom de Lucile dans le portrait que Chateaubriand fait de sa sœur).

A la lecture attentive, on finit par être frappé par l'émergence de cet artefact : il réside dans la quantité de latitudes dont Saussure accommode ses règles de base, tant et si bien que tout devient possible ou presque. Ainsi, pour les voyelles, presque dès le départ, il accepte des « transactions pour le timbre » : ĕ peut représenter ĭ, ŏ = ŭ, ē=ei, ō=ū et vice versa (p. 21). Bien qu'il pose (p. 24) qu'il n'est pas permis de compenser longue par brève, un peu plus loin

(p. 29) il accepte cette « imperfection » pour retrouver le ē de *Cornelius* dans le premier ĕ de *perfecit* « qui ne s'écarte pas du moins du timbre e » (voir aussi pp. 74, 75). Ainsi encore, une de ses premières règles pour le saturnien, c'est de retrouver la « suite vocalique » (p. 28) du nom propre-hypogramme dans le vers ; mais, très vite, il accepte que cette compensation puisse s'étendre jusqu'au vers suivant (p. 22) « par légère licence courante » (p. 24), et même « au bout de plusieurs vers » (p. 25). Pour la « suite consonantique » du thème, sa récurrence « n'est que partiellement prouvée par les exemples » (p. 24). Cette compensation, ou symétrie dans les paires des sons, d'abord posée comme absolue, ne l'est pas : « Il y a toujours, dans les inscriptions, un résidu consonantique [...] ce résidu est voulu, et destiné à reproduire les consonnes du thème initial, écrit en abréviation pour les noms propres, et en toutes lettres pour les autres » (p. 25).

Le mot « suite » semble bien impliquer au départ que l'ordre des segments phoniques anagrammatiques reproduise l'ordre de ceux de l'anagramme, et Saussure note le cas. Mais, très vite aussi, il admettra que la suite reparaisse « soit dans le même ordre, soit avec variations » (p. 24). Il trouve *Scipio* dans les capitales de *Taurasia CIsauna SamniO CEPiT* (« correction de *-cepi-* par le *-ci-* de *Cisauna* » (p. 29), exemple qui donne une bonne idée des manipulations qu'exige la découverte d'un anagramme assez facile. Plus tard, bien qu'ayant posé qu'il ne faut pas fabriquer un segment phonique en sautant une lettre, par exemple PO à partir de PRO, il se donnera licence de tirer de *peritus* : PRI, PIT, PTU, PET ; de *rogabit* : ROB et GIT (pp. 48, 49). Il accepte qu'un texte ne lui livre qu'APOLO pour *Apollo* (p. 70). Il accepterait presque de voir *Apollo* dans *Amplŏm victor,* à cause de PLŎ « qu'on peut accepter pour PŎL » (p. 71). Il accorde plus loin « de fortes licences » (p. 72), RŎD rendu par ŎRD (p. 81) ; il pose, pour retrouver le nom d'Aphrodite, que PR-T ou T-PR pour TR-P « est une transposition d'un caractère bénin » (p. 87).

Parmi toutes ces facilités, il faut encore noter la latitude qu'il se donne de choisir le lieu du texte, et de choisir comme hypogramme un mot qui ne figure pas dans le texte, ce qui ouvre beaucoup de portes : un passage de *l'Énéide* sur Hector, qui ne lui livre pas à première vue cet hypogramme, lui fournit PRIAMIDES à la place (puis il trouve aussi HECTOR, et le même fragment contient donc deux hypogrammes, pp. 53-55). Un sonnet du Politien sur son frère Philippe livre ainsi, en outre, le nom de la maîtresse de celui-ci, Leonora Butti, qui a joué un rôle essentiel dans sa mort (pp. 139-146).

L'intérêt dont bénéficient actuellement les anagrammes saussuriens découle moins du désir de mieux connaître Saussure, ou du désir de résoudre le problème qu'il posait, que de leur utilisation pour justifier une théorie actuelle de la littérature. Jakobson y a vu une intuition géniale de sa propre théorie, selon laquelle la fonction poétique « met en évidence le côté palpable [phonique] des signes », et « projette le principe d'équivalence de l'axe de la sélection sur l'axe de la combinaison » (ce qui serait exactement le cas des hypogrammes). Les non-linguistes comme Starobinski vont plus loin : l'essence de la création poétique ne résiderait pas dans le poète, mais dans le pouvoir inducteur des mots (des hypogrammes), qui seraient au sens propre la cause, le germe latent du poème. Le poème ne serait qu'une émanation nécessaire, un produit inévitable des propriétés linguistiques des mots-hypogrammes. A mesure qu'on s'éloigne du texte, et qu'on se rapproche des constructions littéraires, les anagrammes présentent « un très grand intérêt » (p. 8), et la publicité du livre parle même à leur égard de « découverte de première grandeur », et de « seconde révolution saussurienne ». Sur cette lancée, la critique la plus verbaliste n'hésite pas à voir dans les anagrammes « une réflexion profonde sur la genèse d'un texte littéraire *ou sur le processus de la parole »,* une prémonition « des recherches les plus avancées des *linguistes* contemporains », qui « recoupe les plus récentes théories sur le langage » et qui « apporte une confirmation éclatante aux théories structuralistes sur le langage » (« Le Monde », 7 janvier 1972). Rien ne saurait mieux démontrer la transformation de la culture scientifique en quasi-culture journalistique, et la difficulté du travail inter-disciplinaire. C'est une nouvelle version de l'histoire de l'homme à la dent d'or, telle que la racontait Fontenelle : à force d'en parler, tout le monde oublie qu'il n'y a pas d'anagrammes — sinon par une illusion d'optique statistique, dont on peut montrer comment Saussure s'y est, selon le mot de Starobinski, pris au piège.

IV

MALLARMÉ ET LE LANGAGE

> « Mallarmé est à la fois unique et condi-
> tionnel. »
>
> René CHAR.

Il est peu d'analyses du texte littéraire, actuellement, qui ne prétendent être, peu ou prou, des sciences de l'idéologie. Déceler celle dont s'est nourrie une œuvre deviendrait presque aujourd'hui le dernier mot d'une science de la littérature. Et malgré les dizaines de définitions qu'on a pu en donner, elle s'oppose toujours à la connaissance comme l'illusion à la réalité, ou comme l'erreur à la vérité. Il y a idéologie dès qu'un homme ou un groupe se forgent (et forgent pour les autres), de manière souvent inconsciente mais souvent intéressée, une explication inexacte (et satisfaisante ou profitable de leur point de vue) d'un phénomène ou d'une classe de phénomènes donnés. Malgré beaucoup d'efforts pour raffiner sur le concept, celui-ci ne s'éloigne jamais sensiblement du sens qu'il a chez Marx.

Ce qui m'intéresse ici, c'est qu'en même temps, presque toujours, les grands noms qui servent d'*autorités* à tel ou tel courant de pensée de notre époque échappent à cette enquête idéologique. Tout se passe comme si ce que ces créateurs privilégiés ont produit demeurait indemne de tous les conditionnements idéologiques qu'on découvre toujours savamment chez les autres.

C'est le cas pour Mallarmé qui depuis dix ou quinze ans, voire plus, est redevenu la référence quasi sacrée pour à peu près tous les structuralismes et les formalismes littéraires. Il me semble pourtant qu'avant de le citer péremptoirement, soit en matière de langage, soit en matière d'usage poétique du langage (ou de fonction poétique comme on dit moins bien), il aurait été bon de soumettre son œuvre à cette analyse idéologique qu'on met souvent au centre de la recherche littéraire actuelle.

Mallarmé n'est en effet ni un penseur intemporel, ni un penseur absolu. On n'examinera pas ici son conditionnement sociologique en général, son élitisme un peu prud'hommesque, ni son idéologie esthétique globale, qui est restée celle du terrible petit texte de 1862, « Hérésies esthétiques. L'art pour tous », trop peu cité (*Œuvres complètes,* Pléiade, p. 257)[1]. Mais Mallarmé a beaucoup parlé du langage, il a des idées sur le langage — plus d'idées, et plus explicites que celles de ses contemporains. Que valent-elles ? A-t-il été le poète qu'il est grâce à ses idées sur le langage, ou en dépit de ses idées sur le langage ?

C'est probablement par l'étude de l'anglais qu'il a découvert la linguistique de son temps, à peu près ignorée de tous les esprits littéraires alors. Non pas à l'université, qu'il ne fréquente pas après le baccalauréat : il « apprend l'anglais simplement pour mieux lire Poe » (p. 662) et il obtient un « certificat d'aptitude à l'enseignement de l'anglais », à vingt et un ans, après deux séjours à Londres (p. XVIII). Vers 1865-1870, dans une note non datée, il s'interroge encore, à propos de « savants d'un incontestable mérite », sur ce que peut être la « Science du Langage » (p. 849; les pages qui suivent, 851-854, sont elles aussi linguistiquement très pauvres). C'est dans *Les mots anglais* (1877 ou 1878)[2] — dont il dit dans une lettre autobiographique à Verlaine « qu'il sied de ne pas [en] parler » (p. 663) — qu'il mentionne pour la première fois sans doute « des principes de la linguistique contemporaine » (p. 920; voir aussi un emploi de 1897, p. 875).

Cet ouvrage est à lire de près. Le linguiste, même si l'investigation détaillée reste à faire, subodore que Mallarmé doit tenir en très grande partie sa science philologique et linguistique de l'importante traduction que Michel Bréal venait de donner en 1875, la *Grammaire comparée des langues indo-européennes* de Frantz Bopp, bien qu'il n'indique pas de sources, et c'est dommage (pp. 877 et 1640). Il connaît sans doute Bréal, qu'il nomme comme un Maître ; malheureusement pour notre problème c'est dans un document de 1895 seulement[3]. Naturellement, ceci n'exclut pas d'autres sources, peut-être anglaises, ou même françaises, Bopp ayant nourri toute l'Europe en fondant la grammaire comparée. La recherche en serait

---

1. Toutes nos citations de Mallarmé renverront à cette édition.
2. Mondor se contredit sur ce point (pp. 1.364 et 1.643).
3. Soulignons cependant, à propos de la note de 1865-1870, que 1865 est l'année où Bréal commence son enseignement de grammaire comparée au Collège de France. Mais Mallarmé ne revient habiter Paris qu'en 1871.

intéressante. Mais l'essentiel est ici : bien que lecteur attentif, et très éclairé, Mallarmé construit tout son ouvrage sur un amalgame entre le concept de *racines* tel qu'il apparaît chez Bopp, et des hypothèses aventurées sur l'expressivité naturelle des racines, qui ressemblent beaucoup plus aux élucubrations du XVIIIe siècle sur l'origine ou la *méchanique* des langues (chez Court de Gébelin, chez le président De Brosses, chez Fabre d'Olivet, etc.), — élucubrations qui ont traversé le XIXe siècle et qu'on retrouve chez Hugo par exemple[4]. D'où les cogitations sur les propriétés sémantiques des sons : *to write* « imité du bruissement de la plume dès le gothique » (p. 920); « l'intention très nette d'entassement de richesse acquise ou de stagnation » qu'il y a dans le *p*, (p. 933); *f*, qui « indique de soi une étreinte forte et fixe », (p. 935); *g*, qui « signifie d'abord une aspiration simple vers un point où va l'esprit », (p. 938) — pour ne citer que quelques exemples. Le moins curieux n'est pas que Mallarmé connaît toutes les objections décisives qu'on peut opposer à ces constructions arbitraires : *sn* impressionne un lecteur de l'anglais comme « un sinistre digramme » à cause de *snake* ; mais alors dans *snow* ? (p. 921). *Fly* est parfait; mais « quoi de moins essorant et fluide » que *flat* qui possède la même structure phonique? (*ibid.;* voir aussi d'autres réserves pp. 933, 963 surtout).

Mallarmé a aussi des connaissances de phonétique bien plus solides que la plupart des poètes ou des écrivains du XIXe siècle (et que Valéry). « Labiales, gutturales, dentales, liquides, sifflantes et aspirées » (p. 922) sont des termes qu'il est un des rares poètes à avoir employés adéquatement, tout au long des *Mots anglais*. Et c'est lui qui fournit à tous les commentateurs littéraires leur unique exemple passe-partout de phonétique impressive (où le sens est contraire à la phonie, au grand regret de Mallarmé : *jour* a une voyelle sombre, tandis que celle de *nuit* est claire, p. 364).

Déjà, comme on voit, les connaissances linguistiques de Mallarmé (même avec leurs limitations d'époque, qu'on ne relèvera pas ici) entrent en conflit avec une idéologie esthétique très ancienne, qu'il désire à toute force voir vérifiée *malgré les faits :* celle de la musicalité de la parole comme adéquation des sons aux sens. Malgré

---

4. Voir Georges MOUNIN, « Victor Hugo et le langage », dans les *Œuvres complètes* éditées par le Club Français du Livre, 1969, t. X, p. I-XXI.

tout ce qu'il sait du langage, il s'obstine à vouloir que « la Parole [...] crée les analogies des choses par les analogies des sons » (p. 854). On multiplierait les citations : il célèbre l'allitération comme un grand mystère (p. 921), il déplore que les onomatopées, « ces mots admirables », soient si rares (p. 920). Et les mots qu'il rassemble par familles graphiques (*b* à l'initiale, etc.), il veut que « tous gravitent autour de quelque chose de commun » (p. 920), ce qui est une position intenable, mais sans doute encouragée, aussi, par la vénération culturelle des Anglo-saxons pour le *sound-symbolism*.

Toutefois la stylistique de Mallarmé ne découle qu'en partie de sa linguistique. En fait, il y superpose toute une masse d'autres données idéologiques qui ne relèvent pas de la compétence du linguiste. Dans ce qu'il appelle « la haute esthétique » (p. 337) voisinent des éléments très variés d'origine. D'abord une espèce de déification de l'Idée (écrit une fois sur deux avec la majuscule, pp. 361, 381, 385, 412, 427, 434, 441, 455, 653, 701, 854, etc.) qui semble avoir comme source, sans doute de façon très médiate, ce qui était passé en France des philosophies idéalistes allemandes du XIXe siècle. Tout cela, philosophiquement et esthétiquement fort mince, sans doute acquis au niveau de la classe de philosophie et du baccalauréat, bien que Mallarmé y attache un peu comiquement beaucoup d'importance, allant à ce propos jusqu'à parler de « [son] incompétence, sur autre chose que l'absolu » (p. 330 ; v. aussi pp. 434, 439). Cet absolu philosophique assez creux du Symbolisme se voit relié volontiers à l'alchimie (pp. 400, 662 et *passim*), au rêve d'enfermer toutes les structures du monde dans les structures d'un seul objet définitif, une espèce de pierre philosophale qui serait un livre unique. (Cependant Mallarmé n'emploie le mot de *structure* qu'à propos de la composition, de l'architecture de l'œuvre, jamais à propos de la langue ; voir p. 320, 238, 366 ; voir aussi p. 690). On y ajoutera l'idéalisation millénaire de la poésie conçue comme concurrente et rivale triomphante de la musique, à laquelle il s'agirait toujours de « reprendre » (p. 367) un domaine qu'elle usurperait (voir pp. 381, 385, 389, 416).

On peut penser que ces emprunts idéologiques très divers, issus des courants dominants alors, délimitent la rhétorique de Mallarmé — et non sa poétique. C'est-à-dire délimitent l'ensemble des règles dont il choisit d'hériter comme « un moyen de faire à coup sûr de bons vers » (p. 367), selon la formule qu'il emploie pour situer

« l'ancienne forme du vers » *(ibid.).* Règles qui lui permettent d'écrire presque tous ses vers, ceux du *Faune,* ceux d'*Hérodiade,* etc., poèmes postparnassiens à peine renouvelés par un peu plus de recherche formelle : ceux qu'aurait peut-être engendrés « la catastrophe » d'*Igitur ;* ceux surtout qu'il doit à son idolâtrie incompréhensible pour Théodore de Banville : les *Eventails,* les *Albums,* les *Œufs de Pâques,* les *Dons de fruits glacés,* ou les *Mouchoirs,* etc. — le « divin » Théodore de Banville qu'on souffre de voir, avec Théophile Gautier, encadrer Baudelaire dans un tryptique d'adoration où les deux larrons tiennent plus de place que le Christ ; les fabricants, les faiseurs, les mineurs, les formalistes, plus que le grand inspiré (p. 264 ; voir aussi pp. 333 et 520).

Heureusement, l'*expérience poétique* de Mallarmé déborde largement ses choix idéologiques et rhétoriques — bien qu'il ne soit pas arrivé à la formuler avec la même netteté. La révélation de ce qu'est spécifiquement la poésie, nous le savons, lui a été administrée par l'œuvre de Baudelaire, qui l'a bouleversé (p. XVII), par le *Gaspard de la nuit* d'Aloysius Bertrand, et par Edgar Poe. C'est à partir d'eux que sa connaissance intuitive, empirique, mais décisive de la poésie va lui dicter ce qu'il sait sur elle de source sûre. Et c'est à partir de là qu'on peut décrypter ce qu'il nous a légué de meilleur sur son expérience vécue de la poésie. Tout d'abord, Mallarmé sait ce qu'ont bien aperçu les linguistes contemporains : que « l'expérience vécue [par chaque homme en particulier] est incommunicable dans son unicité », selon le mot d'André Martinet. Il y a « un intime de chaque pensée » (p. 384) qu'il est toujours extrêmement difficile de transmettre ; « deux hommes ne se sont, peut-être [jamais], malgré la grimace à le faire, entretenus, plusieurs mots durant, du même objet exactement » (p. 408) ; et « le meilleur qui se passe entre deux gens, toujours leur échappe, en tant qu'interlocuteurs (p. 411) ».

Or Mallarmé sait, de source sûre aussi, que la communication poétique consiste justement à transmettre cet intransmissible du langage *par le langage.* Il sait que tout le problème de la poésie c'est, pour dire ce vécu si difficile à exprimer, de « réussir avec des mots » (p. 369), à « nier l'indicible » (p. 653). Il sait et il dit — ce sera toute la science de Valéry de le répéter — qu'il y a un « double état de la parole, brut ou immédiat ici, essentiel là », et que la tâche scientifique serait de « séparer » ces deux états « comme en vue d'attributions différentes » (p. 368; voir aussi pp. 369, 382, 854, 857). Ceci est la perception très nette d'un usage esthétique ou poétique du langage, opposé à sa fonction communicative (Valéry dira : discursive). Cet indicible dit, il essaiera toute sa vie de le définir. Tantôt c'est, trop restrictivement, le vers, soit vu dans sa tradition (p. 332), soit élargi à tout ce qui est rythme; et ici, il a raison (« Le vers est partout dans la langue là où il y a rythme », p. 867), englobant ainsi le vers libre, la prose, et même « le charme certain du vers faux » [exprès], p. 362 (parce que « toute âme est un nœud rythmique », p. 664; parce que « tout individu apporte une prosodie neuve, participant à son souffle », p. 364). Tantôt, du fait que Mallarmé sait bien qu'il y a des vers sans poésie, et des rythmes savants mais creux, il cherche la spécificité poétique à côté, ou en plus, ou au-delà du rythme seul, et il a raison aussi, encore plus. Mais alors il hésite entre plusieurs réponses, ou bien les juxtapose. Cependant le caractère commun de ces réponses au problème de la spécificité poétique, c'est la perception centrale d'un « mystère » dans l'usage que les poètes font de la langue : le mot revient très souvent (pp. 382, 383, 385, 419, 481, 869, etc.) On serait tenté de penser que Mallarmé a trouvé la solution de ce mystère, et qu'il l'a donnée dans une formule linguistiquement éclatante : « Je dis : une fleur! et [...] musicalement se lève [...] l'absente de tous bouquets. » (pp. 368 et 857). Cette phrase, qui a fasciné tant d'épigones, ne signifie cependant pas autre chose — au moins en apparence — qu'un truisme linguistique : le mot n'est pas la chose, le signe[5] n'est pas le référent; ou, à la façon de Korzybski : la carte n'est pas le territoire, — le mot *rose* n'est pas une rose.

Malgré tout, c'est bien là qu'est le mystère sur lequel a buté Mallarmé. Au-delà de la « dénotation » du signifié du signe linguistique, qui renvoie à la part socialement commune d'expérience de tous les locuteurs français qui disent : *une rose,* il y a une part qui peut être propre à chaque locuteur en particulier, non transmissible ou difficilement transmissible : la somme des expériences personnelles différentes que peut réveiller le mot *rose* en chaque locuteur différent, — ce que Martinet a nommé les « connotations » du mot *rose.* Être poète, c'est parvenir, malgré la contradiction dans les termes, à

---

5. Il y aurait une enquête à mener sur l'emploi de ce mot chez Mallarmé.

faire passer à travers les mots de la langue et leur dénotation strictement socialisée, les connotations les plus « indicibles », où se recon-
naîtront des lecteurs. C'est bien ce qu'a pressenti sans relâche Mallarmé. Mais parfois il codifie erronément cette difficulté intrinsèque
de la communication poétique, en proposant de la singer par une
obscurité a posteriori. On connaît ces formules fameuses (générali-
sées encore par Valéry) où il passe de l'obscurité poétique involontaire à l'obscurité rhétorique voulue : il s'agirait de « soustraire
autant que révéler sa pensée (p. 409). » Et encore, à un journaliste :
« Attendez, par pudeur, que j'y ajoute, du moins, un peu d'obscurité
(p. 407). » Ou bien : « Il doit toujours y avoir énigme en poésie (p.
869). » Ici Mallarmé *a pris le résultat pour la cause,* et s'est souvent
enferré dans une définition artificielle de la poésie comme « ce qui
ne se dit pas du discours » (p. 386). Le rythme « serait le poème tu,
aux blancs » (p. 867), « l'objet tu [...] se réduisant à du silence égal
(p. 400). » La poésie serait l'art de « faire transparaître ce qu'il s'agit
de ne pas dire (p. 403). » Autant de formules d'approche, chez lui,
qui sont devenues, chez ses pasticheurs, de la rhétorique four-
voyante.

En effet, aussi souvent, Mallarmé sait que ce qu'il appelle (im-
proprement) silence, *il le produit avec des mots.* Ces connotations,
dont il a l'expérience intime, il faut qu'elles soient transmises, et
elles le sont : « rien ne demeurera sans être proféré » dit maintenant
Mallarmé (p. 367). Ce qu'il nommait tout à l'heure silence, et blancs
entre les mots, il cherche à le nommer maintenant de façon moins
brillante mais plus exacte, comme ce qui est « sous le texte » (p.
387), « un je ne sais quel miroitement, en dessous » [des mots de
tout le monde] (p. 382), « un au-delà », un « autre chose » (p. 647).
Les mots livrent leur dénotation, mais « le hasard vaincu mot par
mot » (p. 387) suscite les connotations, ces « sens virtuels » (p.
854) : il s'agit de « tout recréer, avec des *réminiscences* » (p. 481),
des *correspondances* (p. 646), par *allusion* (pp. 366, 400, 645, 869),
par *suggestion* (pp. 365, 366, 645), par *transposition* (pp. 366, 522).
Tous termes assez impropres par lesquels, indiscutablement, Mallarmé tente de décrire les opérations qui concernent au plus près le
mystère de la transmission de l'indicible, c'est-à-dire des connotations au sens linguistique de Martinet, non de Hjelmslev repris par
Barthes.

Comme Baudelaire référant la poésie à l'enfance, Mallarmé sait que *l'inspiration* (mot qu'il ne récuse pas, et qu'il magnifie même, p. 412) signifie toujours au départ une expérience puissamment vécue sur le mode émotionnel, et rare. Il parle de « la rareté du génie à travers l'existence » (p. 412) non par complexe d'échec, mais dans le sens exact où Breton dit : « Je veux qu'on cesse d'écrire quand on cesse de ressentir. » Aussi privilégie-t-il une époque de la vie de l'homme où les émotions sont encore nombreuses et puissantes : non pas l'enfance, comme Baudelaire (ce qui doit être un indice biographique chez tous deux), mais l'adolescence « au commencement tout à fait de la jeunesse » (p. 406 ; cf. aussi p. 402), « aux primes années de surprise » (p. 408), « quand s'ouvrent pour une heure, de génération en génération, les juvéniles lèvres » (p. 511). ·

Evidemment cette large intuition de la poésie est contradictoire avec les intellectualisations idéologiques, excessivement formalistes, qu'en a données Mallarmé. Mais elle est chez Mallarmé, et c'est elle qui est sa science de la poésie, son vrai savoir poétique. C'est elle qui explique, par exemple, ses intuitions sur la désarticulation syntaxique[6], sur lesquelles il est revenu assez souvent de façon explicite : il y cherche avant tout un *ton* (p. 851), celui de la confidence (p. 407), et paradoxalement celui de la conversation (avec insistance, pp. 385, 418, 852) parce qu'il espère toujours y fixer les connotations, ces « cercles vibratoires de notre pensée » (p. 852). (Ceci est à relever même si, intellectualisant ici encore sa trouvaille en fabrication rhétorique à froid, Mallarmé aboutit à la désarticulation formelle et gratuite de *toutes* ses phrases, ce qui détruit l'information connotative que *certaines* phrases ainsi traitées peuvent transmettre).

C'est aussi sa large et puissante intuition de la poésie vécue qui rend compte de la qualité poétique étonnante de Mallarmé, de ses vrais chefs-d'œuvre. D'abord les traductions des poèmes de Poe, expérience tellement extraordinaire qu'elle suscite encore aujourd'hui réticences et circonlocutions ; puis les *Poèmes en prose,* avec ces perfections : *Le Phénomène futur* — un très grand science-fiction — *L'Ecclésiastique,* et presque tout le reste[7] ; le

---

6. Ses traductions de Poe, avec une espèce de pastiche poétique de la syntaxe anglaise, ont dû y contribuer aussi.
7. Tout ce que Breton a tiré des « mots qui frappent à la vitre » vient aussi du *Corbeau* de Poe, et de *La pénultième est morte* où le phénomène est décrit pour la

Tombeau d'Edgar Poe — surtout si on le lit côte à côte avec le *Tombeau de Charles Baudelaire,* si creux; et tous les endroits inattendus où brille la poésie réelle de Mallarmé, celle qui découle de sa poétique la plus profonde[8]. Sans parler du très grand poète érotique qu'il y avait certainement chez lui, qu'on entrevoit quatre ou cinq fois dans son œuvre, mais que les bienséances d'époque et de milieu ont refoulé. Relevons l'amour de la nature, passion de Mallarmé adolescent, résumé comme le plaisir où, entre plusieurs motifs, domine « celui, surtout, de se percevoir, simple, sur la terre » phrase digne d'un alpiniste, si les alpinistes savaient écrire (p. 405). Ou encore : « Un peu profond ruisseau calomnié, la mort (p. 71). » Ou bien : « l'inaptitude de gens à percevoir leur néant sinon comme la faim, misère profane, hors l'accompagnement du tonnerre d'orgues absolu de la Mort » (p. 391). Et tant d'instants saisis dans toute leur richesse, totalement dite : une rencontre avec Villiers (« A la suite d'un de ces abords subits sur le trottoir, bris ainsi que d'une vitre, d'où s'écroulait la joaillerie », p. 483); ou bien ceci, dont Ponge a dû s'enchanter aussi : « l'effilé de perles multicolores que plaque la pluie » sur une vitre (p. 360); et mieux encore, « la crinière de pluie qui essuie interminablement les carreaux », par quoi Char et Mallarmé s'authentifient mutuellement comme poètes et comme théoriciens (p. 856; cf. aussi p. 367); ou bien ces deux pigeons, « sur un toit, ainsi que la mer », qui contiennent déjà la moitié du *Cimetière marin* (p. 304). On voit là, non pas des sources livresques, mais comment un vrai poète donne à saisir l'expérience vécue, et d'abord à d'autres poètes qu'il initie ainsi à la différence entre écrire des vers, et percevoir puis transmettre la poésie.

---

première fois (mais Poe lui-même avait déjà suggéré beaucoup dans le premier de ses poèmes. *A.M.L.S.,* pp. 217-218.

8. Voir aussi les vingt premières lignes de « La Milanaise et l'Autrichien », p. 252.

TROISIÈME PARTIE

LECTURES VÉCUES

I

DEVANT LE TEXTE

En France, l'attitude (traditionnelle ou révolutionnaire) devant une œuvre, c'est toujours l'explication de texte, c'est-à-dire l'utilisation de toutes les ressources de l'intelligence pour pénétrer le texte, et comprendre le texte. L'ensemble des moyens mis à la disposition du lecteur pour cette opération de compréhension, opération privilégiée jusqu'à l'absolu, est généralement présenté aujourd'hui sous la forme d'une théorie stylistique ou sémiologique. Or, s'il existe une façon erronée de faire face au texte littéraire, une façon qui ne vaille rien ou presque rien, c'est de *commencer* par l'explication de ce texte, c'est-à-dire de considérer l'œuvre littéraire comme devant être *d'abord* l'objet d'opérations uniquement intellectuelles d'enquête, d'analyse, de recherche, de compréhension, d'explication — que l'explication soit de caractère génétique, psychologique, historique, sociologique, psychanalytique, philosophique, idéologique, ou même structurale, ou même esthétique.

Ceci reste vrai même lorsqu'on ajoute — ce qui réserve tout l'avenir du problème posé — que l'explication française de texte est probablement le plus difficile de tous les exercices scolaires ou littéraires, bien que toutes les sciences de la littérature ne visent, en fin de compte, qu'à préparer à cet ultime exercice.

L'exercice en effet reste très souvent mal vu. Par les élèves, qui n'aperçoivent pas ce qu'il y a d'admirable dans ce qu'on propose à leur admiration ; par les maîtres eux-mêmes, dont les meilleurs s'excusent sur le fait qu'on ne dissèque pas la poésie mais qu'on la sent, et raillent les questionnaires bébêtes de leurs propres manuels, « les charcutages sans grandeur » auxquels on aboutit quoi qu'on fasse. Le recours aux méthodes modernes les plus en vogue permet seulement peut-être des dissections qui ont le charme de la nouveauté, des charcutages plus sophistiqués grâce auxquels on se redonne un peu bonne conscience, des bricolages plus ludiques pour le maître et pour les élèves. On cherche des structures au lieu de chercher des beautés, mais de la même manière — et c'est bien la même espèce d'activité sur le texte. Quand on cite la phrase de Baudelaire dans **Le Vieux Saltimbanque** :

« Partout circulait, dominant tous les parFums, une odeur de Friture qui était comme l'encens de cette Fête »

et qu'on croit renouveler très jakobsoniennement le commentaire en suggérant que « les *f* laissent percevoir un bruit de foule », on est aussi dupe de l'activité pseudo-intellectuelle (et de l'ignorance phonétique) exercée sur le texte qu'on l'était il y a cinquante ans lorsqu'on démontait pieusement sa composition descriptive.

D'où cette opinion, presque toujours sous-jacente, trop rarement exprimée dans la réflexion pédagogique ou théorique (et c'est dommage parce que ce serait un excellent point de départ)[1] : que la poésie est quelque chose de très agréable ou de très beau, mais que « le travail sur le texte », ou sur « la textualité comme production » (ce sont les étiquettes toutes neuves de la vieille explication de texte) sont, eux, un châtiment, un massacre, une hérésie. Le maître ou le chercheur qui aiment vraiment la littérature, à moins qu'ils ne se laissent dévorer par l'exercice excitant de leur propre technicité (plaisir qui n'est pas du tout le même que le plaisir au poème, le plaisir au texte), ont le sentiment d'opérer des autopsies peu convaincantes, doutent d'eux-mêmes et, dans leur préambule ou leur

---

1. Ce n'est pas une mince satisfaction de se trouver d'accord ici avec Roland Barthes, le Barthes du *Plaisir du texte* (Le Seuil, 1973). Il y perçoit des caractères pertinents du phénomène de la lecture avec son intuition ordinaire (par exemple p. 11, 21, 31, 41, 61). Même s'il redécouvre ainsi, après des années d'intellectualisme desséchant et qu'il juge maintenant gratuit, la lecture vécue, le déclic de Spitzer (p. 24, 73), l'architecleur de Riffaterre (p. 56), la stylistique des effets (p. 94), la connotation au sens de Martinet (p. 55). Même si *le Plaisir du texte* oublie trop que depuis Aristote on est à la recherche d'une solution de ce problème qu'il découvre naïvement : quelle est la source de la réponse émotionnelle du lecteur à l'œuvre littéraire ? Même s'il oublie Hegel, Marx, et surtout Henri Lefebvre à qui il doit quelque chose (« L'art n'est pas fait pour nous donner une grande connaissance, mais une grande joie »). Mais, ce qui nous sépare aussitôt de Barthes, c'est la coupure antidialectique qu'il maintient au moment même de sa découverte du plaisir au texte : « Il faut affirmer, écrit-il, le plaisir du texte contre les indifférences de la science et le puritanisme de l'analyse idéologique » (c'est-à-dire contre le Barthes de 1956 à 1972). D'un côté, tout ce qu'on sait du texte, intellectuellement, scientifiquement, froidement ; de l'autre, sans aucun rapport, tout ce qu'on éprouve individuellement, subjectivement, existentiellement au contact de ce texte ; « *hors-science* », dit textuellement Barthes. Alors que tout le problème littéraire est de découvrir, non pas tout ce qu'on peut découvrir sur un texte, pour le plaisir scientifique abstrait de savoir, mais seulement tout ce qui est pertinent, dans ce texte et autour de lui, pour rendre compte du plaisir, de la jouissance ou de la joie qu'il nous donne.

conclusion, s'excusent de leur sacrilège d'un air un peu gêné. Quant aux élèves qui ont découvert on ne sait trop comment — par hasard ou par contagion, par le biais de quelque digression — ce plaisir au poème, ils admirent en cachette et sans explication, fanatiquement, d'autres poèmes, d'autres textes; ou les mêmes, mais pour d'autres raisons.

Pourquoi l'activité sur le texte, analyse sémiologico-stylistique ou explication de texte, échoue-t-elle presque toujours devant le texte, c'est-à-dire devant la *transmission* de ce qui constitue justement le texte comme texte littéraire ou poétique? Parce qu'elle oublie qu'on ne lit pas un poème ou un roman pour les expliquer. Le poème ou le roman n'ont pas été écrits non plus pour être expliqués, mais pour être *lus,* au sens propre, traditionnel et non alambiqué du terme : pour produire certains effets sur des lecteurs, effets que ceux-ci recherchent d'ailleurs électivement, de manière informulée ou explicite. L'analyse stylistico-sémiologique, aussi bien que l'explication de texte qu'elle est censée remplacer ou dépasser, échoue donc parce qu'elle oublie que le problème fondamental qui se pose à propos d'un texte littéraire, c'est d'élucider d'abord *ce qui se passe à la lecture,* effectivement, entre le texte et tel ou tel lecteur — et non ce qui devrait s'y passer, ce qui est censé s'y passer, d'après ce que le critique ou ses successeurs modernes croient savoir, soit par introspection, soit par l'acceptation de tout le savoir empirique qui traîne là-dessus depuis toujours dans les rhétoriques, les histoires de la littérature et les manuels.

Ainsi donc, avant d'expliquer, il s'agit de lire, il s'agit d'avoir lu le texte, phase capitale. Expliquer, mettons un poème, ce sera toujours, mais après, comprendre l'effet qu'il a fait sur vous : non pas sur Michael Riffaterre ou Roland Barthes — si jamais ils se préoccupent de le dire ou de le laisser apercevoir — mais sur vous, lecteur singulier, sincère, irremplaçable.

La phase capitale de toute réflexion scientifique sur un texte littéraire, ce sera par conséquent, d'abord, de découvrir, d'observer, de décrire et d'analyser l'effet, ou les effets, que ce texte a produits sur vous en tant que sujet. Ainsi qu'on peut voir, l'introspection comme méthode d'accès au texte littéraire objet d'étude n'est pas condamnée comme subjectivité antiscientifique inadmissible, mais au contraire proclamée comme départ nécessaire, épistémologiquement nécessaire. C'est elle en effet qui est chargée de fournir l'objet même de toute investigation spécifiquement littéraire sur la littérature : l'effet produit par cette littérature. Toutes les autres recherches sur le texte, historico-littéraires, psychologiques, sociologiques, etc., qui ont pu ou peuvent encore laisser croire à l'intéressé qu'il s'occupe de littérature, ne sont en réalité que science auxiliaire ici : elles peuvent collaborer à découvrir d'où provient l'effet du texte, elles ne peuvent ni le prévoir ni le découvrir lui-même.

Or, rien n'est peut-être plus difficile que d'apercevoir et de saisir l'effet produit par un texte sur un lecteur, même dans le cas privilégié où ce lecteur est le chercheur lui-même qui s'est fixé comme tâche de comprendre et d'expliquer le texte. Pourquoi cette extrême difficulté ? Parce qu'il s'agit de s'emparer — pour les faire pénétrer dans la conscience claire — de ces choses malaisément saisissables par la conscience et nommables par le langage, des impressions, des émotions (et, de plus, esthétiques). Choses dont on remarquera que les qualificatifs les plus fréquents dont le langage les ait marquées sont les termes de « **fugaces** », ou « **fugitives** », c'est-à-dire insaisissables. C'est pourtant sur cet insaisissable qu'il va falloir travailler si l'on veut vraiment saisir le fait littéraire ou poétique dans sa spécificité, sa littérarité ou sa poéticité, comme on dit. La lecture vécue ou le vécu de la lecture, l'auto-observation du lecteur par lui-même en tant que lecteur, sont la seule base possible de tout travail en fait de science de la littérature. Sinon, on fera de l'histoire, de la psychanalyse, de la philosophie, de l'analyse idéologique sur le texte. Choses légitimes, mais à côté de la réponse à cette question : Qu'est-ce qui fait d'un message un texte littéraire ?

Que faire alors, dès qu'on ne suppose pas très erronément donné, dès qu'on ne tient pas pour automatiquement acquis ce moment premier de l'analyse de l'œuvre littéraire : la lecture, et la saisie de la relation vécue entre le lecteur et sa lecture ? Le lecteur exercé ne peut que livrer sa propre expérience, à titre de pure et simple suggestion. L'essentiel est de ne rien laisser passer, de ne rien laisser perdre, et pourtant de ne pas interrompre par une activité intellectuelle épisodique le moment de bien-être esthétique qu'est la lecture heureuse, la lecture consentante. Apercevoir et saisir, sans s'arrêter, ce qui se passe en vous, surtout sans réfléchir, surtout sans raisonner. Peut-être noter, d'un coup de crayon, d'un soulignement, d'un mot, d'un signe en marge, télégraphiquement, n'importe comment, pour aider votre mémoire. Puis revenir, après, tout collecter, vos impressions, vos émotions, vos réactions, vos trouvailles, vos rencontres, vos découvertes, vos rapprochements (oui, même cette chose déconsidérée par le mauvais usage qu'on en a fait dans l'analyse traditionnelle — parce qu'on croyait qu'il fallait chercher les rapprochements au lieu de les laisser vous trouver). Observer ce qui, de cette lecture, vous revient spontanément à l'esprit, et quand, et sous quelle forme, selon quelle fréquence. Noter ce qui se met, sans décision formelle, à faire partie de l'anthologie des plaisirs esthétiques que chacun de nous a dans sa tête, sinon sur le papier. Tout ce qui vient, tout ce qui surgit, tout ce qui émerge à ce moment-là et après, en vous, à partir ou à cause de cette lecture.

J'irai même plus loin, pour caractériser plus totalement, ou plus clairement cette première étape de la recherche sans laquelle les autres ne peuvent tout simplement pas exister : il faudrait, sur ce texte que vous lisez ou relisez, sur ce poème, saisir toutes vos *associations libres,* tout ce qui vous passe par l'esprit. Comme le psychanalysé : ne rien rejeter, ne rien censurer, ni l'inavouable, ni le strictement intime, ni ce qui a l'air sans rapport avec le texte, ni « ce qui a l'air idiot ». Rien. Véritablement traiter le texte loyalement, scientifiquement, non littérairement, par la méthode des associations libres en psychanalyse — c'est-à-dire essayer de collecter le vécu (au sens strict et propre) de votre lecture vécue.

Expliquer le texte ou le poème, à partir de là, prend un sens non scolaire et non universitaire. Ce n'est plus imposer sur un texte, de l'extérieur, une activité stéréotypée dont on ne voit que trop les *comment,* guère les *pourquoi,* et presque jamais leur adéquation à ce texte, *hic et nunc.* Expliquer un texte, alors, ce sera chercher d'où peuvent provenir, à partir de ce texte, ces effets sur vous : d'où viennent ces impressions, ces associations, ces rapprochements, ces irritations, ces ennuis, ces brusques jubilations inexplicables ? Si ce texte *ne vous dit rien,* vous ne l'expliquerez jamais au sens le plus scientifique du terme. Vous construirez dessus des dissertations historico-littéraires, ou linguistiques, ou psychosociologiques, ou idéologiques qui vous sembleront décourageantes, à vos auditeurs et à vous, parce que sans rapport avec l'effet réel du texte sur vous ; ou bien, pire, qui vous intéresseront comme une activité intellectuelle en soi, vous donnant le change sur ce qu'est l'analyse de la spécificité littéraire d'un texte. Expliquer un texte, ce sera aussi, au lieu d'ériger vos réactions personnelles sur ce texte en lois universelles, comparer ces réactions avec les effets du texte sur d'autres lecteurs, *pour mieux savoir ce qui vient du texte et ce qui vient de vous, de votre milieu, de votre histoire, de votre idéologie ou de votre psychologie, etc.* Ce qui vous permettra d'avancer avec objectivité dans l'exploration de ces problèmes irritants : Pourquoi le même texte ne produit-il pas les mêmes effets, même sur des lecteurs qui se seraient crus très proches comme lecteurs ? Pourquoi l'œuvre est-elle *ouverte* ? Est-ce bien sûr que ce soit elle qui le soit ? Seule la connaissance affinée des effets produits par le texte, sur vous d'abord et sur les autres si possible, vous fournira enfin le critère qui vous permettra de choisir les structures de l'œuvre qui sont littérairement pertinentes parce qu'elles ont une fonction littéraire : cette production réelle, constatée, d'un effet sur un, ou mieux des lecteurs.

Une telle façon de se placer devant le texte a des implications profondes et lointaines quant à la transmission de la littérature par l'enseignement. Parler de la poésie ou de la littérature comme d'une activité de libération ne signifie pas, comme on peut le croire très intellectuellement, proclamer le droit de croire et de dire n'importe quoi, de penser n'importe quoi sur un texte parce qu'il faudrait être métaphysiquement libéral. Il s'agirait là simplement d'un nouveau mandarinat du maître. Proposer un poème, si ce qu'on vient d'évoquer longuement a un sens, c'est d'abord — chose d'autant plus difficile que le maître est plus convaincu de la valeur de ce qu'il transmet — ne pas imposer, ne pas dicter aux autres ce que vous pensez vous-mêmes ; encore moins ce que vous éprouvez ou ce que vous ressentez. Si vous voulez, non pas être libéral à vide, mais chercher et trouver le vrai départ objectif de tout travail sur le texte, ce qui doit vous occuper, ce sera ce que vos élèves ou vos étudiants ont senti, ont ressenti, eux. Même si c'est confus, maladroit, erroné — et ce le sera souvent. Oui, si vous voulez, non pas leur parler de ce poème (leur dicter votre admiration pour ce poème, ou votre explication, en toute bonne foi), mais parler avec eux de ce poème, votre premier travail, et terriblement difficile mais indispensable, ce sera l'enquête sur ce qui leur est arrivé à eux dans leur lecture. Les aider à distinguer quelque chose dans l'indistinction des états émotifs, à le saisir, à le dire, à le préciser sans l'adultérer. Avec eux aussi, et surtout, accepter tout, d'abord : même le contradictoire (ce qui les oppose entre eux, ou à vous), même le faux, même le négatif. Même l'indifférence : chercher pourquoi un texte ne vous parle pas, franchement ne vous dit rien, ce peut être une aussi bonne clé qu'une autre pour ouvrir un esprit à ce qu'est l'émotion littéraire, ou même à sa propre émotion littéraire ou esthétique. Il en a fait peut-être l'expérience confusément, mais il ne sait pas que c'est cela qui est en jeu dans l'explication de texte : son rapport, à lui, avec l'œuvre, et non la récitation ou l'exploitation prématurée ou extrinsèque de ce qu'en disent les manuels et les maîtres.

II

INTRODUCTION A LA LECTURE D'UN POÈME

Il me semble parfois que notre maladie d'aujourd'hui c'est d'avoir trop d'idées sur tout, décousues et contradictoires. Aussi peut-on se fixer comme ambition de proposer quelques idées seulement, mais que l'on croit essentielles, peut-être plus même : utiles, quant à la lecture d'un poème.

Il ne s'agira pas, comme on l'a déjà souligné dans le chapitre précédent, d'exposer d'abord les théories et les techniques avec lesquelles, en France ou ailleurs, actuellement, nous expliquons un texte littéraire (même quand nous baptisons très artificieusement cette vieille activité une « lecture »). Simplement, on voudrait revenir sur quelque chose de plus important que toute explication et que toute technique d'explication, quelque chose qui est ou devrait être préalable à toute autre activité sur un poème. Ce quelque chose, c'est l'approche du texte lui-même, la façon personnelle que vous avez de le découvrir à la première lecture (ou aux suivantes, car il serait très antidialectique de penser que tout est fini dès le premier abord entre le texte et vous, pour ce qui est du contact immédiat vécu) ; c'est la façon de l'aborder, non en tant que texte à expliquer, mais en tant que poème.

Ce sur quoi il faut attirer inlassablement l'attention, c'est qu'il ne s'agit pas ici d'une opération intellectuelle sur le texte. Il s'agit de la phase fondamentale — irremplaçable — de toute communication poétique. Mais elle semble tellement aller de soi qu'on n'en parle pour ainsi dire jamais, qu'on la suppose toujours comme donnée (on peut même craindre que, pour certains, peut-être pour beaucoup, cette phase soit ignorée, totalement inconnue).

C'est une grave erreur que de passer rapidement sur ce supposé donné. L'oublier, c'est oublier qu'avant d'apprendre à parler sur un poème il faut apprendre à lire, à approcher, à pénétrer ce poème — mieux : à s'en laisser pénétrer, non en tant que professeur ou étudiant, mais en tant que lecteur.

Car, en dépit de ce que Mallarmé a dit de monstrueux quant à la poésie (que le monde est fait pour aboutir à un beau livre), il faut

proclamer qu'un beau livre n'est fait pour aboutir ni à une bibliothèque, ni encore moins à une classe de littérature, de philologie, de
linguistique. Vous ne lisez pas un poème — ou alors tant pis pour
vous — pour la satisfaction tout intellectuelle de l'expliquer, pas
même pour la satisfaction de savoir comment il est construit, ou
structuré, comme on dit maintenant. Et les poèmes n'ont pas été
faits pour être paraphrasés, interprétés, commentés. Ils ont été faits
pour être lus d'abord, pour être choisis, relus, préférés, admirés ;
risquons le mot, bien qu'il soit énorme au regard du chercheur
savant : pour être aimés (ou rejetés). Non pas aimés par le professeur, par l'auteur d'un manuel de littérature à la savante construction
critique : aimés par vous.

Il ne s'agit donc pas d'expédier, d'escamoter, de *dépasser,*
comme on dit aussi volontiers, ce premier temps du contact avec le
texte ; de le considérer un peu hâtivement comme préalable, comme
préliminaire — pour arriver vite à l'essentiel, qui serait parler sur un
poème, faire une leçon ou un article plus ou moins sophistiqués sur
ce poème. Non. L'essentiel, c'est la lecture, la possession, la joie
(ou l'indifférence, ou le rejet). Si vous n'avez pas ressenti quelque
chose de personnel, enthousiasme ou agacement, trouble informula-
ble ou irritation mal définie, etc., il n'y aura pas d'activité proprement littéraire ultérieure possible pour vous sur ce poème.

Tout au plus, car il y a une dialectique du contact avec le texte,
essayerez-vous après avoir lu (mais c'est une autre activité) de
comprendre *pourquoi et comment ce poème a eu un certain effet sur
vous, personnellement,* en tant que lecteur. La lecture n'est plus
alors préparatoire à tout le reste, c'est tout le reste qui, entre beaucoup de choses, est une perpétuelle préparation à la meilleure lecture, à la possession plus intime, à la plus grande joie esthétique.

Tout ceci n'est pas un truisme et ne veut pas être une provocation. C'est un changement total d'attitude quant à l'activité intellectuelle — absolument légitime — qui se déroule ensuite, ou peut se
dérouler à propos du texte, sous les noms très acceptables d'analyse
ou d'explication (de toutes sortes). Mais expliquer un texte, comme
texte, ce n'est plus procéder, souvent très savamment, au démontage
lexical, grammatical, syntaxique, phonétique et stylistique, métrique,
rhétorique, historique, psychanalytique, sociologique et/ou idéologique, etc., de ce texte. Et pourquoi le faire ? Pour vous procurer,

comme l'enseigne toute doctrine classique sur la littérature, l'impression que vous savez comment ce texte a été fait par son auteur ? Pour reprendre une image familière aux linguistes structuralistes, c'est comme si vous saviez parfaitement démonter, voire aussi remonter pièce à pièce une montre, mais que vous ignoriez totalement qu'une montre est faite pour mesurer cette chose dont vous n'auriez aucune intuition, le temps ; ou encore, pour prendre une image plus sensoriellement monstrative, comme si vous saviez parfaitement démonter un avion, mais que vous ignoriez totalement qu'un avion est fait pour voler — et, chose pire, que vous n'ayez jamais volé. Tel est souvent l'état de complet dénuement poétique de beaucoup de mécaniciens du texte littéraire. L'activité spécifiquement littéraire sur un texte littéraire ne peut être que *d'abord* essayer de découvrir et de comprendre la nature de l'effet (par définition, littéraire ou esthétique) qu'il a sur vous, et non sur quelqu'un d'autre ; qu'il a fait, et non qu'il aurait dû faire selon les règles du jeu rhétorique ou critique.

Or, ce travail, ainsi qu'on l'a déjà dit dans le chapitre précédent, reste un travail difficile. C'est une des raisons pour lesquelles tant de gens se rabattent sur d'autres activités explicatives intellectuelles, plus savantes, plus complexes, mais plus faciles d'accès parce qu'intellectuelles, qui ne supposent pas qu'on ait recueilli d'abord sur le texte ce matériau pourtant irremplaçable : des émotions, fugitives, insaisissables, à la limite inexprimables *hic et nunc* — et de plus des émotions esthétiques.

Qu'est-ce donc qu'apprendre à lire un poème, à communiquer avec un poème ? Si je choisis un poète contemporain, c'est parce qu'on croit que la façon de lire un poète contemporain est différente, plus difficile que les autres ; ce qui n'est pas tout à fait faux, mais la différence est de degré seulement, non de nature. Si je prends Eluard, c'est parce que, malgré les apparences, il est encore aujourd'hui l'un des plus obscurs des poètes surréalistes ; mais c'est aussi parce que j'aime beaucoup ses poèmes.

Le premier secret, quant à la lecture d'un poème, c'est d'acquérir cette idée (le contraire de l'explication) qu'il faut accepter absolument sans résistance de ne prendre, pour commencer, que ce qu'on peut, que ce qui vient, dans un poème ; accepter que la poésie soit trouvaille, rencontre, découverte (au sens propre) ; accepter cette pénétration du poème au hasard des émotions, de vos propres émotions. Démarche scandaleuse au regard de la logique intellectualiste qui nous forme tous, et peut-être surtout les esprits littéraires, essentiellement explicateurs. Accepter cette idée qu'on ne force pas l'entrée d'un poème : c'est — si, quand, là où un poème vous donne un choc, le moindre petit choc inanalysable — devenir (le temps d'un éclair) très attentif. Et là seulement d'abord.

Vous lisez par exemple ce poème, parce qu'il est au programme, parce qu'il est proposé comme explication, comme examen, ou qu'il figure dans une anthologie, dans un manuel, ou parce que vous lisez ou relisez votre Eluard :

L'argyl'ardeur

Le temps ne passe pas. Il n'y a pas : longtemps, le temps ne passe plus. Et tous les lions que je représente sont vivants, légers et immobiles.
Martyr, je vis à la façon des agneaux égorgés.
Ils sont entrés par les quatre fenêtres de la croix. Ce qu'ils voient ce n'est pas la raison d'être du jour[1].

Comme, en tant qu'étudiants ou enseignants, ou anciens étudiants ou lycéens, vous avez été formés à chercher à comprendre, vous allez être sensibles, hypersensibles même (et malheureusement d'abord) à ce que vous ne comprenez pas, à ce que vous ne sauriez pas expliquer sur-le-champ : sensibles à ce qui vous arrête. Pourquoi ce titre, *argyl'ardeur*? Qu'est-ce que ces lions vivants, légers et immobiles? Pourquoi martyr? Et ces quatre fenêtres de la croix?, etc. C'est le contraire qu'il faudrait faire : être attentifs exclusivement, pour commencer, à ce que vous saisissez dans ce poème, ou plutôt à ce qui vous saisit de ce poème. Peut-être seulement la première phrase, avec son je ne sais quoi d'allusif; et la deuxième phrase, avec son jeu subtil. Laissez là toutes les questions sur les quatre autres phrases, si elles vous viennent (par dressage éducatif, elles viendront presque toujours), et si vous ne savez pas y répondre spontanément. Mais si un seul bout de phrase, une seule image, un seul mot vous plaît, vous parle, vous touche, c'est là qu'il faut vous

---

1. Paul ELUARD, *Choix de poèmes,* Gallimard, 1946, nouvelle édition revue et augmentée [1946], p. 43.

arrêter, écouter en´ vous ce qui bouge. C'est cette phrase, cette image ou ce mot qui sont pour vous, et pour l'instant, la poésie de ce poème — toute la poésie de ce poème. Si rien ne vous est arrivé, passez, lisez autre chose. Prenez

Cachée[2]
Le jardinage est la passion, belle bête de jardinier. Sous les branches, sa tête semblait couverte de pattes légères d'oiseaux. A un fils qui voit sous les arbres.

La première et la troisième phrase ne vous disent absolument rien, peut-être depuis dix ou quarante ans que vous connaissez ce poème. Mais la seconde, du premier coup, vous a paru quelque chose d'une beauté criante, la saisie la plus parfaite d'un réseau d'ombres de ramures très fines sur un visage, une merveille. C'est votre poème, et ne vous plaignez pas du peu.

Le second secret, corollaire du premier, c'est de prendre d'abord, chez un poète cette fois (tout à l'heure, c'était dans un poème), tout ce qui se donne à vous d'emblée, c'est de vous approprier toutes les choses et rien que les choses qui vous atteignent. Par exemple :

Dans le four du miroir cuit le pain de la lampe[3]

qui vous a, sur-le-champ, transporté devant un Georges de La Tour jamais peint, mais qui est d'Eluard et de lui seul. Ou *Vrai*[4], à cause de ces deux lignes :

Je ne saurai jamais si je dors bien. Plus la pluie est fine, plus le monde est loin.

C'est peu, direz-vous, une ou deux images dans un poème, une dizaine, une quinzaine de fragments dans un livre de trois cent cinquante pages. Non, c'est beaucoup, au contraire, c'est la clé de tout le reste — et nous y reviendrons.

Le troisième secret, qui est la réciproque du premier, c'est d'*accepter* de ne pas tout comprendre, de ne pas tout posséder tout de suite (et même peut-être jamais), de s'interdire formellement la fabrication des raisonnements, des explications, des constructions

2. *Id., ibid.*, p. 42.
3. *Id., ibid.*, p. 219.
4. *Id., ibid.*, p. 39.

intellectuelles **a priori**, à froid, qui devraient vous obliger à aimer (ou à admirer, le mot le plus équivoque) ce poème. Pourquoi ? Parce que c'est inutile, inefficace, au moins prématuré, presque toujours erroné. Ainsi, le fameux vers, qui peut-être vous agace prodigieusement :

La terre est bleue comme une orange.

J'en ai collectionné au moins cinq explications. La première est psychanalytique : le bleu et la sphère évoquent invinciblement des images de complétion, de densité heureuse. La seconde est historico-littéraire : Eluard évoquerait ainsi la première image qu'un enfant voit de la terre à l'école primaire, dans son premier livre de géographie, une sphère bleu-de-nuit foncé, dans un espace bleu-de-nuit lui-même, avec une petite lune lointaine et quelques rayons solaires. Une troisième explication, surréaliste orthodoxe, un peu colorée de voyance, suggère qu'Eluard a voyagé dans le cosmos, au moyen de son imagination, bien avant les cosmonautes. Il a dit avant eux leur impression émerveillée quand ils ont vu la terre dans l'espace : la terre est bleue... Une quatrième explication, encore historico-littéraire, y voit un exemple classique de provocation surréaliste, d'énoncé absurde exprès, pour épater le bourgeois. La cinquième, que je tiens de Guillevic, qui la tenait d'Eluard, c'est qu'un jour, sur le rebord d'une fenêtre, chez le peintre Delaunay, Paul Eluard aperçut une orange toute moisie, qui était effectivement bleue. Rien de tout cela ne pourra vous introduire à la poésie de ce vers, s'il en a une : le seul pouvoir d'une ou plusieurs de ces cinq explications serait qu'elles vous rendent compte de votre propre impression, si vous en avez éprouvé une. On ne dicte pas la poésie par des explications — même si telles ou telles explications peuvent à la longue tisser autour d'un poème un climat qui permettra à sa poésie, peut-être, d'éclore en vous et par vous.

Le quatrième secret, corollaire du second, c'est que c'est la première ou les premières émotions *personnelles* ressenties à la lecture d'un poème ou d'un poète (ou, au-delà, d'un poète à l'autre) qui vont vous servir de clé pour tout le poème, et surtout pour tout le poète. Vous le pénétrerez de proche en proche, d'émotion éclairante en émotion éclairante, de découverte en reconnaissance. Peut-être jamais plus rien de *L'argyl'ardeur* ni de *Cachée*. Quelle importance ? Eluard vous l'a dit : *La plus belle anthologie, c'est celle que l'on fait*

pour soi[5]. Mais si un jour vous vous êtes arrêté sur ce vers :
Le soir traînait des hirondelles[6]
où *traînait* ne vous a pas beaucoup plu, bien que le vers vous ait pourtant inexplicablement retenu ; si, une autre fois,
Le soir, un rien, une hirondelle qui dépasse[7]
vous a enchanté, à cause de nouveau du soir et des hirondelles, à cause aussi de ce *dépasse,* efficace et prodigieux comme un lapsus ; si, encore une autre fois, malgré l'artificieux bien rhétoriquement surréaliste de sa pseudo-sentence finale, vous vous êtes senti saisi par cette chose vue :
Un fil tiré par une hirondelle qui, les ailes ouvertes, fait
la pointe de la flèche, trompe aussi bien l'apparence de
l'homme que sa réalité[8]
— alors, un jour ou l'autre vous serez sensible à cette image suprême de paix de soir de juillet, de lumière de vitre pure où la pointe d'un cristal noir efface et trace à la fois ses ultimes courbes :
La dernière l'hirondelle
A tresser une corbeille
Pour retenir la lumière
La dernière à dessiner
Cet œil déserté[9].
Un poème vous mène à l'autre ; et même vous mènera sans exégèse aux hirondelles de Char, à celles de Breton, qui sont d'ailleurs vos propres hirondelles. L'exemple est simple, Mais il en est de plus subtils, des cheminements dont on ne retrouve pas (facilement) le tracé, et qui pourtant vous ont conduit, littéralement par la main, à votre insu. Vous ne savez pas pourquoi ces deux vers ont un pouvoir fascinant pour vous :
Ce sont les mains de toutes les femmes
Et les mains des hommes leur vont comme un gant[10]
mais grâce à ces deux vers vous savez de source sûre, et sans savoir pourquoi, que ces deux vers-ci :

---

5. C'est le titre d'un de ses livres.
6. *Id., ibid.,* p. 000.
7. *Id., ibid.,* p. 000.
8. *Id., ibid.,* p. 83.
9. *Id., ibid.,* p. 182.
10. *Id., ibid.,* p. 156.

Le poisson avance
Comme un doigt dans un gant[11]
ont avec les premiers une parenté non verbale, mais poétique, c'est-à-dire vécue ; et que vous les aimez, sans doute pour les mêmes raisons. On pourra peut-être maintenant vous expliquer le fonctionnement de l'effet de ces fragments sur vous : ce qu'on ne peut jamais, quand il s'agit de poésie, c'est vous faire éprouver ces effets en vous expliquant que vous devriez les éprouver.

Ces secrets, je ne les ai pas inventés. Ce sont ceux que nous révèlent les poètes eux-mêmes, dans les moments où, purgés de tous les raisonnements qu'on les a trop instruits à faire sur la poésie, ils en redécouvrent l'essence immédiate, expérimentale pour ainsi dire. Alors, Paul Valéry lui-même, l'homme qui a écrit les trente volumes de son journal pour essayer de surprendre et de définir la poésie comme un pur produit calculé de l'intelligence, Valéry écrit : « Un poème doit être une débâcle de l'intellect » — ce qui est un comble, venant de M. Teste. Alors René Char écrit : « Bien-être d'avoir entrevu *la matière-émotion* instantanément reine » ; et encore : « Audace d'être un instant soi-même la forme accomplie du poème. » Alors André Breton dicte : « Je veux qu'on cesse d'écrire quand on cesse de ressentir » ; et sa règle est vraie pour le lecteur aussi : en fait, on cesse de *lire* quand on cesse de ressentir. Alors, Eluard joint également son témoignage à ceux de ses pairs : « Les pensées, les émotions toutes nues sont aussi fortes que les femmes nues. *Il faut donc les dévêtir.* »

Si on ne sait pas cela, on ne sait rien de la poésie, de ce pouvoir de créer des messages qui enferment des émotions inusables. Tout le reste (rendre compte des effets de tels messages) vient après, et surtout ne peut venir qu'après, jamais avant.

---

11. *Id., ibid.,* p. 28.

QUATRIÈME PARTIE

LECTURES EXPLIQUÉES

I

LA « MISE EN QUESTION » DU LANGAGE
DANS LA LITTÉRATURE ACTUELLE

Le renouvellement spectaculaire des formes d'expression dans tous les domaines littéraires : poésie, théâtre, roman, essai, critique même, s'est souvent trouvé décrit par une formule qui est en train de devenir un cliché : il s'agirait là d'une radicale « mise en question du langage ».

Mais que signifie cette expression commode ? Est-ce mettre en doute l'efficacité de la communication, ou bien nier la possibilité même de la fonction ou des fonctions du langage, ou encore récuser *a priori* ces fonctions pour en proposer d'autres ? Chacune de ces hypothèses suppose une mise en question différente du langage. Et de plus la mise en question du langage varie selon la manière dont on définit la ou les fonctions mêmes du langage. On a longtemps posé que la fonction spécifique du langage était d'exprimer ou de refléter la pensée, mais à peine cette thèse était-elle née qu'elle a été mise en cause ; et, depuis les sophistes jusqu'à nous, plus d'un penseur a mis en question cette fonction du langage. Si on dit, comme on le fait couramment aujourd'hui, que la fonction centrale du langage est une fonction de communication, on doit constater que cette fonction elle aussi a été assidûment mise en question, au moins sur un point précis. La communication de l'expérience intime la plus strictement individuelle, de l'unicité du vécu personnel, de l'expérience affective du sujet, surtout d'ordre esthétique, on a nié que tout cela soit proprement communicable par le langage : qu'on pense à Valéry, à Blanchot, à Georges Bataille, ou à tant d'autres. On peut même affirmer qu'en voulant à toute force opposer l'incommunicabilité de l'expérience intérieure à la communicabilité de ce qu'ils appellent « la pensée discursive » — communicabilité qu'ils accordent pleine et entière, automatique — ces auteurs ont fait la part trop belle à la communication : car c'est la vie scientifique la plus quotidienne qui démontre la difficulté de communiquer le contenu du dicours le plus positif. Enfin, si mettre en question le langage signifie récuser ses fonctions connues pour lui en découvrir ou lui en inventer d'autres, on peut penser que l'homme n'a pas attendu notre époque pour faire cette expérience : les calembours et les contrepèteries, les rébus et les jeux de mots de toute espèce, le non-sens élevé à la hauteur d'une rhétorique, l'énumération illimitée, la phrase à constituants récursifs infinis, etc., tout cela a été exploité. Le dénombrement des jeux plus ou moins esthétiques auxquels l'homme a déjà soumis le langage exigerait une vie de bénédictin, et vaudrait d'être fait, ainsi que l'inventaire des fonctions assignées à ces jeux wittgensteiniens. Simplement, par exemple, on écrivait le *Dict de l'herberie,* ou les *Fatrasies,* là où nous avons Robert Desnos ou Queneau.

Par exemple aussi, on dit volontiers que la pièce de Samuel Beckett, *En attendant Godot*[1], met en question le langage. Est-ce que cette formule a une signification linguistique ? Il s'agit d'une pièce de théâtre, elle a été écrite, imprimée, jouée. Si elle met en question le langage, il faut remarquer déjà *que c'est par le moyen du langage.* Et si elle atteint ce but présumé, *c'est que le langage préserve sa fonction de communication même quand il paraît la mettre en cause,* ce qui n'est pas peu de chose. La seule véritable mise en question du langage, serait le silence absolu. Or Beckett continue à se servir du langage pour nous communiquer quelque chose, et pour agir sur nous par le moyen du langage.

Il serait étonnant qu'un écrivain de théâtre, voulant mettre en question le langage, s'accorde le privilège contradictoire de continuer à l'utiliser dans sa fonction comique la plus usée : celle qui se manifeste dans les mots d'auteur, donnés pour ce qu'ils sont, sans intention de ridiculiser ce vieux moyen théâtral. Il est instructif de remarquer que Beckett homme de théâtre ne se l'interdit pas. Il fait de purs jeux de mots, sur « le dernier moment » (p. 14), sur le Vaucluse et le Merdecluse (p. 104), sur « à propos de bottes » quand on parle vraiment de chaussures (p. 111), sur le sort de ses personnages qui sont « servis sur un plateau » (p. 125), sur les « aspects riants » du paysage qu'ils découvrent en regardant les visages des spectateurs dans la salle (p. 20). Il ne se refuse même pas les mots d'Almanach Vermot, quelquefois littéraires (« On ne descend jamais deux fois dans le même pus », p. 102), souvent populaires (« Il a dit samedi. — Après le turbin », p. 22 ; « Vous auriez dû le retenir. — Il

---

1. Paris, Éditions de Minuit, 1952.

s'est retenu tout seul », p. 57; « Difficile à dire. — Alors ne le dites pas », p. 68; « Bref [...] Soyez long, ce sera moins long », p. 68). Même s'il s'agit là de pures concessions aux habitudes supposées du public, ce que je ne crois pas, la chose vaut d'être relevée.

Le langage, dans la pièce, pourrait être mis en question par certaines façons inattendues de l'employer. La première qui frappe, chronologiquement, c'est l'usage du parler bébé : Estragon : « Gogo léger — branche pas casser — Didi seul » (p. 26). Mais cet emploi ne se répète que deux fois dans la pièce (Estragon : « Bagages ? Pourquoi ? Toujours tenir. Jamais déposer. » p. 49). Dans les deux cas, le langage n'est pas mis en question, il est utilisé avec efficacité, pour faire comprendre à Vladimir et Pozzo quelque chose qu'ils ne saisissent pas. C'est l'infirmité momentanée de l'intelligence qui est mise en relief ici par un emploi saugrenu du parler bébé, ce n'est pas l'infirmité du langage.

La pièce offre deux autres emplois très inhabituels du langage, et c'est à leur propos qu'on a pu parler de langage mis en question. Le premier c'est celui qui se manifeste dans le long monologue de Lucky (pp. 71-75). L'auteur nous met sans préavis en face d'une espèce de tirade décousue, faite d'une seule phrase sans ponctuation, dans laquelle les mots se pressent, et s'organisent sous une forme d'apparence délirante. Mais, et c'est là que la chose devient intéressante aux yeux du linguiste, ce monologue n'est pas un pastiche quelconque, ni l'idée floue qu'un écrivain moyen se fait généralement du langage du délire, *c'est un discours qui présente des caractères typiques d'une espèce de trouble du langage déterminé, la jargonophasie.* D'abord, par la fréquence des stéréotypes : attendu que, étant donné, à quelques exceptions près, mais ça viendra, les faits sont là, etc. La plupart du temps le caractère stéréotypique du discours est accentué par les répétitions de ces stéréotypes, répétitions qui vont s'aggravant jusqu'à la fin du discours : hélas (deux fois), au suivant (trois fois), assavoir (trois fois), il apparaît que (quatre fois), mais n'anticipons pas (quatre fois), je reprends (sept fois), bref (huit fois), on ne sait pas pourquoi (onze fois), etc. Les persévérations (réapparition d'un mot d'abord employé normalement, mais qui resurgit anormalement, du point de vue sémantique ou syntaxique, dans les phrases suivantes) ne sont pas moins typiques : réapparition des « travaux de Poinçon et Wattman », ou de

135

ceux de « Testu et Conard » ; des « recherches inachevées » ; de la Bresse, de la Normandie, etc. On note aussi beaucoup de contaminations ou intoxications (le mot choisi en entraîne d'autres qui lui sont habituellement associés, soit phoniquement, soit syntaxiquement, soit sémantiquement). « Travaux » appelle inopportunément « publics ». « Dans les feux » déclenche « dont les feux » qui entraîne « les flammes ». (Cf. aussi : « porteront l'enfer aux nues » ; « contrairement à l'opinion contraire » ; « l'alimentation et l'élimination »). « La pratique des sports » appelle « le tennis, le football, la course à pied et à bicyclette, la natation, l'équitation », etc. « Seine-et-Oise, Seine-et-Marne » appellent « Marne-et-Oise », « L'air et la terre » entraînent « leur ère, l'éther, la terre, la mer pour les pierres [...] peuchère, etc. ». Il surgit aussi, mais Beckett a été économe de ce moyen typique, des paraphasies soit phonématiques (« aviation > conation », « apathie > athambie »), soit totalement néologiques (« camogie »). Il est probable également que les noms d'auteurs de travaux scientifiques cités sont des jeux d'intoxication allusifs : c'est certain pour Poinçon et Wattman, Testu et Conard, probable pour Steinweg et Peterman, obscur pour Fartov et Belcher (au moins pour moi)[2]. On peut dire que le monologue entier ne contient pas un segment qui ne vise à donner l'impression d'une jargonophasie modérée à dominante sémantique, avec la volubilité logorrhéique de règle en pareil cas[3].

Il est indubitable en premier lieu que le caractère pathologique du monologue de Lucky ne peut pas être dû au hasard. Ce serait un problème classique d'histoire littéraire — et tout à fait légitime, en dépit de ce que croient beaucoup de critiques dites structurales — que d'essayer de savoir comment Beckett a pu être amené à connaître si bien la physionomie clinique d'une jargonophasie : contact avec un malade ? ou avec un psychiatre ? étude systématique ? ou don prodigieux d'enregistrement ? ou influence, de James Joyce par exemple ? Ce n'est pas notre problème ici.

Toutefois, ce monologue, peut-on dire encore après cette analyse qu'il met en question le langage, ou même qu'il tourne en dérision le

---

2. A moins que ces noms vaguement russifiés ne soient issus de formes anglaises pour « péter » et « roter ».
3. On pourra comparer le discours de Lucky à l'enregistrement du langage spontané d'une malade dans la *Revue neurologique,* t. 111, 1964, p. 401-402.

langage ? Absolument pas. Ce qui est mis en question ici, ce qui est tourné en dérision, *c'est la pensée*. La clé du monologue, c'est la demande de Vladimir et l'ordre de Pozzo : « Dites-lui de penser. [...] Il ne peut pas penser sans chapeau. [...] Pense, porc. [...] Pense. [...] Pense » (pp. 70-71). L'intention de Beckett est évidente : l'homme est abandonné dans un monde absurde, et quand il pense « à l'existence telle qu'elle jaillit des récents travaux publics de Poinçon et Wattman », cette pensée est, elle aussi, absurde. Le génie de Beckett, pour faire toucher du doigt cette absurdité de l'acte de penser, a été non pas d'en faire un exposé discursif et parodiquement ridicule sur le plan intellectuel, mais de donner en spectacle l'homme qui ne peut plus communiquer sa pensée à son semblable. Il a donc utilisé à l'état brut, probablement le premier, la pathologie du langage pour atteindre son but. Il a utilisé le langage avec un grossissement pathologique comme moyen poétique de nous communiquer son sentiment de l'absurdité de penser.

On se sent d'autant plus conforté dans cette hypothèse que Beckett a utilisé ailleurs et autrement le grossissement pathologique fourni par le langage ou le comportement de certains troubles mentaux. A-t-on remarqué que dans *Godot* tous les personnages, Estragon, Vladimir, Pozzo, oublient continuellement le lieu où ils sont, l'heure du rendez-vous, qui est Godot, ce qu'ils ont dit, la date, ce qu'ils ont fait, s'ils se connaissent, s'ils se sont déjà rencontrés et quand et où ? Beckett a utilisé la pathologie légère de l'amnésie pour suggérer comme jamais l'absurdité temporelle elle-même, le détraquement du temps vécu (qui est un des facteurs les plus puissants de cohésion intellectuelle). Si d'ailleurs on étudiait *Oh les beaux jours* de ce point de vue, on obtiendrait des résultats remarquables, parallèles à ceux que livre *Godot* pour les troubles du langage. Et il ne s'agit pas là d'utilisation réaliste ou naturaliste de la pathologie, ni d'utilisation surréaliste (les surréalistes n'ont rien compris à la pathologie mentale, ils l'ont utilisée comme ornement littéraire, comme rhétorique). Ici, Gogo, Didi, Pozzo ne sont pas des amnésiques, Lucky n'est pas aphasique. Beckett ne cherche aucune vraisemblance, aucune continuité psychologique des personnages sur ce plan : par exemple, Lucky, jargonophasique p. 71, est devenu muet le lendemain, p. 154, sans plus de vraisemblance pathologique que Pozzo, qui le guidait p. 71, n'est devenu aveugle, p. 129. Le discours aphasique et le discours amnésique ont pour fonction esthétique immédiate d'être des métaphores de l'absurde et de la déréliction. Déplacement analogue à ce qui se passe chez Baudelaire quand les élucubrations théosophiques de Miss Cowes deviennent : « Il est des parfums [...] verts comme des prairies. » Ou chez Breton, lorsque l'écriture automatique, avatar minuscule de la psychologie associationniste, devient : « Ma femme aux yeux d'eau pour boire en prison. »

Une seconde manière inattendue d'employer le langage — au moins par le caractère systématique de l'usage qu'en fait Beckett dans *Godot* — a passé aussi pour le mettre en question : c'est la volonté visible de placer dans la bouche de ses personnages le flot des clichés, des stéréotypes, des phrases toutes faites qui constituent le tissu de la parole la plus quotidienne, jusqu'au rabâchage ; ce qu'on a nommé par la suite la sous-conversation, l'infralangage, les *c'est vrai*, les *voilà, le fond de l'air est frais*, etc. Ici encore, si la critique littéraire a saisi parfaitement, comme pour le monologue de Lucky, l'un des traits esthétiquement pertinents du style de *Godot*, l'interprétation reste plus que discutable. D'abord cet emploi dérisoire du bavardage ne pourrait mettre en question que la débilité intellectuelle des locuteurs, et non la fonction du langage. Mais il n'est pas sûr que cette sous-conversation, au moins chez Beckett, ait cette fonction esthétique de dénonciation. Ici aussi, une culture linguistique vraie peut aider l'intuition littéraire critique, en explicitant la théorie des fonctions du langage. Par exemple, même si on ne la suit pas dans le détail de ses hypothèses et de ses démonstrations linguistiques, la théorie de Jakobson, qui distingue six fonctions du langage[4] parmi lesquelles une en particulier nous retiendra, celle que l'auteur appelle la fonction phatique (reprenant d'ailleurs le terme à l'ethnographe anglais Malinovsky, qui nous a donné les descriptions de beaucoup les plus remarquables de cette fonction) :

« The case of language used in free, aimless, social intercourse — écrit Malinovsky — requires special consideration. When a number of people sit together at a village fire, after all the daily tasks are over, or when they chat, resting from work, or when they accompany some mere work by gossip quite unconnected with what they are doing, it is clear that here we have to

---

4. Cf. *Essais de linguistique générale, op. cit.*, pp. 209, 248.

do with another mode of using language, with another type of speech function. [...] I think that, in discussing the function of speech in mere sociabilities, we comme to one of the bedrock aspects of man's nature in society. There is in all human beings the well-known tendency to congregate, to be together, to enjoy each other's compagny » (dans Odgen et Richards, *The meaning of meaning,* Supplement I).

C'est ce qu'il nomme la *phatic communion,* dont l'utilisation du langage qu'il vient de décrire est une composante essentielle. Or, dans la pièce de Beckett, la fonction phatique du langage telle que l'a décrite Malinovsky joue son rôle *psychologique* exact (car chez l'ethnographe anglais la fonction phatique est une fonction psychologique ou psychosociale du langage, et non pas une fonction linguistique) : maintenir le contact, l'une des formes possibles de contact, si humble soit-elle, entre des êtres qui sans elle seraient réduits à la solitude animale. La fonction phatique, dans *Godot,* a une valeur positive, et non pas de dérision. La pièce est traversée par un crescendo d'appels à cette fonction de maintien du contact à tout prix, contre le temps, contre la pensée, contre l'angoisse, contre la déréliction, contre le silence :

P. 18 : « Voyons, Gogo, il faut me renvoyer la balle de temps en temps » ; p. 58 : « Si vous me demandiez, peut-être. [...] Insistez un peu » ; p. 63 : « Pour que le temps leur semble moins long, je leur ai parlé de choses et d'autres » ; p. 81 : « C'est ça, faisons un peu de conversation » ; p. 101 : « Dis : Je suis content, etc. » ; p. 105 : « En attendant, essayons de converser » ; p. 106 : « Dis n'importe quoi » ; p. 108 : « C'est ça, posons-nous des questions » ; p. 109 : « Ce n'était pas si mal comme petit galop » ; p. 127 : « C'est ça, engueulons-nous » ; p. 147 : « Développez! Développez! »

La seule chose, ou presque, qui soutienne Estragon et Vladimir, ce sont ces bouts de phrases intellectuellement si pauvres qu'ils échangent : ils se parlent, ils ne sont pas seuls, ils ne se sentent pas seuls parce qu'ils communiquent encore, ne serait-ce que par la fonction phatique du langage. Et cette fonction, la première peut-être et la plus modeste, c'est par un contresens psychologique et linguistique qu'elle apparaît le symptôme d'une déchéance aux yeux de certains théoriciens hyperintellectualistes, qui privilégient à l'excès d'autres fonctions du langage, et notamment sa fonction d'élaboration de la pensée — ou même seulement sa fonction d'élaboration consciente de formes linguistiques esthétiques. Les travaux des sociologues montrent au contraire que si on supprime les possibilités de manifestation de cette fonction phatique (déclin du café de quartier à cause de la télé; élimination du commerçant de quartier qui « fait la causette » par les grands magasins à libre service; grands ensembles où l'on ne connaît pas ses voisins, etc.), l'homme étouffe par manque de contacts. La fonction phatique du langage, au sens où elle est décrite par Malinovsky, apparaît ainsi, psychologiquement, indispensable : elle fait penser à la respiration cutanée, dont l'apport en oxygène semblait négligeable par rapport à celui des poumons — mais si on la supprime, on asphyxie l'homme.

Ainsi donc, il n'y a pas de mise en question du langage dans *Godot*. Tout au plus, comme tous les vrais créateurs, Beckett a-t-il *mis en question une rhétorique,* celle qu'aurait utilisée un dramaturge traditionnel à thèse. Il a trouvé le jeu de langage, irremployable après lui, qui nous a transmis ce qu'il avait à nous transmettre. Il a obligé le langage à nous le communiquer, il a enrichi le pouvoir du langage, par une énorme métaphore pathologique. Non seulement le langage n'a pas été mis en question, ni tourné en dérision, mais il a, par sa fonction esthétique, relayé la fonction de communication purement discursive et référentielle, que l'auteur trouvait impuissante à traduire une expérience vécue presque ineffable, celle de sa propre déréliction. Ce qui est justement le caractère spécifique de la fonction esthétique du langage, qui n'est qu'un aspect très particulier de sa fonction générale de communication.

Cet emploi trop cursif de la notion de « mise en question du langage » manifeste une fois de plus un état de fait français qu'il faut mettre en lumière : le décalage entre la formation philosophique, historique ou esthétique par exemple, et la culture linguistique de beaucoup de spécialistes de la littérature, bien que l'on parle beaucoup de linguistique, peut-être trop, presque toujours prématurément, compromettant ainsi les chances d'une collaboration nécessaire et sûrement fructueuse, qui devra survivre à la vogue d'un moment vite passé. A la science ou à la théorie de la littérature, la linguistique peut fournir quelque chose, ou peut-être beaucoup, sinon tout. Mais à la condition que les chercheurs dans ce domaine se donnent une formation linguistique assise, intégrée à tout leur développement culturel, au lieu de ces lectures tardives, et forcément hâtives, mal ordonnées, lacunaires, disparates, dont on ne tire trop souvent que des « façons de parler » colorées d'une terminologie linguistique franchement superficielle. La « mise en question du langage » est un de ces raccourcis pseudo-linguistiques passe-partout, le produit de ces improductives introspections philosophiques sur le langage qui jusque vers 1950 et même après tenaient lieu de culture linguistique. Au-delà de l'application forcément mécanique de ces formules détachées inadéquates, il y a place en critique littéraire pour une pratique de l'analyse linguistique modeste, prudente, et surtout solidement fondée sur une préparation linguistique plus homogène.

II

STRUCTURE, FONCTION, PERTINENCE
A PROPOS DES « NOURRITURES TERRESTRES »

L'analyse d'une œuvre comme *Les Nourritures terrestres* permet d'exposer trois idées qui sont probablement, du point de vue du linguiste en 1970, l'apport le plus opportun de sa discipline à tous ceux qui cherchent à rénover ou à enrichir actuellement la connaissance littéraire.

La première de ces idées, c'est qu'introduire la notion de structure comme élément isolé dans le domaine de l'analyse littéraire est un emprunt trop superficiel à la linguistique, et qui ne fournit pas d'instrument privilégié, et encore moins infaillible quant à la découverte ou l'explication de l'œuvre, ou l'approfondissement de la culture littéraire, — c'est-à-dire quant à l'art de mieux lire ce qu'on lit, de mieux jouir de ce qu'on lit, de mieux comprendre la nature du plaisir qu'on éprouve en lisant.

La seconde, c'est que cette notion de structure n'a de chance de devenir efficace ici que si on lui adjoint organiquement d'autres notions plus fondamentales, que la linguistique associe toujours à la notion de structure, explicitement ou implicitement : la notion de pertinence et celle de fonction. Pour un linguiste, une structure n'est linguistiquement pertinente que si elle remplit une fonction dans la communication linguistique. Le problème n'est donc jamais de trouver des structures (il y en a partout, de toutes espèces), mais de découvrir quelles sont les fonctions de ces structures, et de quel point de vue elles sont pertinentes. Or, sur une œuvre littéraire, il y a beaucoup de points de vue possibles, tous également légitimes : génétique, historique, psychologique, psychanalytique, sociologique, linguistique, etc. D'une manière générale, si on étudie finalement l'œuvre littéraire comme œuvre d'art — et c'est bien là l'aboutissement —, ne seront pertinentes en dernière analyse que des structures (peut-être de toutes sortes, et non pas seulement liées à la langue ou au style du texte) dont on pourra montrer qu'elles ont, dans cette œuvre, une fonction esthétique.

La troisième idée, c'est que l'utilisation isolée de la notion de structure, bien loin de fournir la baguette magique que l'on croit pour une explication totale de l'œuvre et de l'action de l'œuvre sur le lecteur, rétrécit abusivement l'exploration littéraire. Surtout, elle n'exclut *a priori* aucun des autres moyens d'approche de cette œuvre (historiques, psychologiques, sociologiques, etc.), mais exige leur collaboration pour être validée soit dans ses hypothèses, soit dans ses résultats.

Tout, hormis les éléments apparemment insécables du noyau atomique, est structuré, c'est-à-dire construit d'éléments définis ayant entre eux des relations de construction définies. Il n'était donc pas illégitime au départ de soupçonner que la notion de structure pouvait être productive dans l'analyse de l'œuvre littéraire; voire plus riche que l'antique notion de « composition », qui permettait déjà de mettre en lumière bien des structures de l'œuvre. Mais quelles structures choisirait-on d'analyser plutôt que d'autres ? La répartition des occlusives et des fricatives dans *Les Nourritures* offre à coup sûr une structure (statistique) intéressante; mais est-elle pertinente ici et maintenant, et de quel point de vue ? Elle ne refléterait très probablement que la distribution de ces mêmes phonèmes dans la prose littéraire française contemporaine, ce qui n'aurait donc qu'une pertinence purement linguistique et n'expliquerait en rien, fût-ce très partiellement, les propriétés esthétiques du livre. On en dirait autant de la répartition des sujets antéposés au verbe, par exemple, par rapport aux sujets postposés : la pertinence de leur distribution serait, elle aussi, purement statistique; sauf deux ou trois sujets postposés peut-être, auxquels on trouverait une valeur stylistique, mais pour des raisons autres que leur place dans la structure statistique. Toute structure n'est pas *ipso facto* pertinente esthétiquement.

Prenons donc une structure franchement connue comme telle, et bien avant la vogue du structuralisme : la division du volume en livres et en chapitres. Si l'on néglige la préface et la dédicace à Nathanaël, ainsi que l'hymne final et l'envoi, *Les Nourritures* sont divisées en huit livres. Les livres eux-mêmes sont divisés, très irrégulièrement, en chapitres : trois pour le livre I, quatre pour le livre IV, trois pour le livre V; les livres II, III, VI, VII et VIII sont sans chapitraison. Nous sommes en présence d'une structure certaine, et voulue par l'écrivain. Mais en quoi est-elle pertinente, c'est-à-dire quelle est sa fonction ? Un maniaque des corrélations numériques y verrait toutes sortes de choses : que huit est justement le cube de deux, que le livre IV, livre central, a justement quatre chapitres et que quatre est le carré de deux. Sans doute irait-il aussi jusqu'à faire un sort à la symétrie qui fait que, de part et d'autre du livre IV, les trois premiers livres sont sensiblement égaux avec 15, 12 et 13 pages, tandis que les livres V, VI et VII le sont aussi avec 18, 21 et 19 pages. Le livre IV, lui, est privilégié sur ce point encore avec 35 pages. Ces considérations, qui paraissent ici une ironie facile sur le mauvais maniement des structures, seraient tout à fait pertinentes du point de vue génétique, avec un écrivain et une époque pour lesquels la rhétorique incluait de telles corrélations numériques, par exemple Dante dans *La Divine Comédie* et *La Vita nuova*. Et si l'on doute que de telles analyses, apparemment simplistes, puissent être révélatrices, c'est-à-dire pertinentes à un certain point de vue qu'il faut toujours bien définir, qu'on lise ce que Jean Molino a pu tirer de la structure des six premiers livres de *Gil Blas* (dans le tome 54 des *Annales de la faculté des lettres* d'Aix-en-Provence).

Mais on pourrait penser que la division des *Nourritures* en livres et en chapitres a une pertinence thématique. Il se trouve que non : ni l'une ni l'autre ne recouvrent un découpage en thèmes. Tout le livre I, *grosso modo,* peut sans doute être défini par le thème de l'éveil ; le livre II par celui des nourritures, qui cependant reparaît au livre V ; mais le livre III, qui n'a pas de chapitres, évoque le thème du voyage dont l'Italie, l'Afrique du Nord et la mer pourraient n'être que des subdivisions. Toutefois, l'Italie reparaît ailleurs (I, 1), le voyage et l'Algérie aussi (V, 2 ; VII), puis l'Algérie seule (VIII). Le livre IV contient la profession de foi de Ménalque, mais également un long développement sur les jardins (IV, 1), puis la nuit chez Ménalque (IV, 2), puis des rondes et ballades (IV, 3 et 4) incluses narrativement dans la nuit chez Ménalque pourtant, etc.

La division des *Nourritures* en livres et en chapitres pourrait certes avoir une pertinence génétique : nous révéler ce que Gide a voulu faire au moyen de cette division. Il se trouve qu'il fournit lui-même une indication, peut-être trompeuse, à cet égard : « Puisque pas de composition, il ne faudrait ici pas de choix », écrit-il

(p. 149)[1]. Ce serait donc l'absence de composition, c'est-à-dire de structure, qui serait pertinente, et le problème serait de trouver la fonction de ce désordre compositionnel voulu. Celui-ci pourrait être pertinent d'un point de vue historico-littéraire s'il s'expliquait par des sources et des influences, dont la recherche serait ici parfaitement à sa place. Resterait à démontrer que cette absence d'ordre, quelle qu'en soit la raison génétique, est esthétiquement pertinente, c'est-à-dire à démontrer qu'elle remplit une fonction proprement littéraire dans l'œuvre. Nous y reviendrons tantôt.

Mais auparavant pourquoi ne pas valoriser d'autres structures perceptibles, de tous ordres : la fréquence des *sanglots* et des *larmes* ou des *pleurs,* structure à la fois lexicale et statistique, peut-être psychologique, ou socio-culturelle, et non négligeable en tout cas (notamment pp. 21, 59, 62, 182, 186)? Ou celle des adjectifs antéposés : une *illimitée permission* (p. 9), une *naturelle vasque évasée* (p. 60), d'*attendantes réponses* (p. 74 et 120), d'*inconnus villages* (p. 76), un *strident bruit* (p. 147), de *vides allées* (p. 158), une *sensible extase* (p. 159), un *insolent luxe* (p. 178), une *désordonnée poursuite* (p. 160), etc. ; n'y a-t-il pas là aussi une structure syntaxique dont l'usage est très singulier, dont la fréquence est sûrement non aléatoire? Ou bien les archaïsmes, les *devant que de* (p. 9), les *jusques à* (P. 19), les *en la grange* (p. 20) ou *en le paysage* (p. 140), le curieux *vader* (p. 84), un *je m'éperds* (p. 160), et bien d'autres? Ou bien les structures syntaxiques inversées et disloquées, comme ces « ciels d'orages, de nuages pesants encombrés » (p. 26); et ce : « j'ai porté tout mon bien en moi, comme les femmes de l'Orient pâle, sur elles, leur complète fortune » (p. 32); et ce : « une pas assez constante pensée de la mort » (p. 49); et vingt autres endroits (notamment pp. 40, 48, 63, 74, 75, 78, 79, 87, 109, 119, 164, 177, 178, 183, 184, etc.)? Pourquoi même ne pas y joindre ce qu'on prendrait pour des périphrases de l'abbé Delille si ce n'étaient des phrases des *Nourritures,* ces « linges sur les meubles » qui ne sont que des housses ; ces « arbres à cônes » qui ne sont que des conifères ; et ce « bois sacré [qui] n'avait de feuilles que celles qu'un printemps ne renouvelle pas », qui ne désigne laborieusement que des arbres à feuillage persistant (p. 79, 30 et 65)? En fait, tout cela est bien structure

---

1. Les références renvoient aux pages de la 69ᵉ édition du livre à la N.R.F. [1933].

dans *Les Nourritures* — structures lexicales, ou syntaxiques, ou rhétoriques ; et toujours statistiquement pertinentes. Pourquoi les ignorer parmi tant d'autres, et alors selon quels critères ? Et si on les prend en considération, sur quels critères aussi ? Malgré la disparate de ces structures, un esprit littéraire traditionnellement formé n'aurait sans doute pas de peine à en montrer la pertinence commune : ce sont toutes des afféteries d'un symboliste profondément mallarméisé. En dépit de sa volonté affirmée de rompre avec le symbolisme (« J'écrivais ce livre à un moment où la littérature sentait furieusement le factice et le renfermé, écrit-il dans la *Préface* de 1927 ; où il me paraissait urgent de la faire à nouveau toucher terre et poser sur le sol un pied nu »), Gide emporte beaucoup plus de symbolisme qu'il ne pense à la semelle de ses souliers. Toutes ces structures avaient et gardent aujourd'hui cette pertinence historico-littéraire ; elles n'avaient sans doute plus pour le lecteur de 1930 ou 1950 aucune fonction proprement esthétique, sinon probablement de souligner par où le style du livre avait déjà irrémédiablement vieilli.

Mais, à côté, d'autres structures, lexicales ou syntaxiques — qu'un analyste routinier ne manquerait pas de mettre avec les précédentes, sur la base de leur seul apparentement linguistique (dans un bel article intitulé : « Quelques aspects du lexique des *Nourritures* », ou bien : « Sur quelques particularités syntaxiques du style de Gide ») —, méritent un tout autre traitement parce que, justement, leur pertinence est autre, et leur fonction autre elle aussi ; et parce que c'est la pertinence et la fonction d'un fait donné qui décident de sa place dans l'analyse de l'œuvre, et non pas la structure de ce fait. C'est le cas pour les exclamations, si fréquentes, deux douzaines et demie de *ô* et *oh,* une cinquantaine de *ah!* (on pourrait aller jusqu'à dire que Gide a, dans *Les Nourritures,* inventé une façon de dire *ah!* en français : « Que de nuits, ah! vitre ronde de ma croisée,... »). C'est le cas aussi pour les apostrophes, innombrables. Gide, dans *Les Nourritures,* s'adresse à toute chose : les croisées, les champs, les attentes, les nourritures, les satisfactions, les sources, la mobilité des flots, les marchandises, les matins, la prairie, les blés, les chariots, les roues, les piscines, les fruits, les charrues, les caravanes, etc.

C'est le cas également pour tout ce qu'on pourrait nommer les désinvoltures stylistiques, par exemple ces phrases que Gide interrompt d'un *et caetera,* avec l'air de dire au lecteur : inutile d'en faire plus, vous sauriez aussi bien que moi finir le développement (« C'est ce qu'on ne parvient à comprendre qu'en se disant... etc. » (p. 53); « Car, comme ces algues merveilleuses lorsqu'on les sort de l'eau, ternissent, ...ainsi..., etc. » (p. 139). Ces désinvoltures prennent d'ailleurs des formes difficilement classables :

« Je n'aime point ceux qui se font un mérite d'avoir péniblement œuvré. Car si c'était pénible, ils auraient mieux fait de faire autre chose. » (p. 41)

« Je pleure parce que je n'ai rien de plus à dire. Je sais qu'on ne commence pas à écrire quand on n'a rien de plus à dire que ça. Mais j'ai pourtant écrit et j'écrirai encore d'autres choses sur le même sujet. » (p. 23)

« A Séville, il y a, près de la Giralda, une ancienne cour de mosquée [...] Elle est d'une grande beauté ; je ne sais pas t'expliquer pourquoi. » (p. 58); (voir aussi notamment, pp. 22, 33, 44, 94, 115, 116-117, 123, 141, 149, 169). D'une façon générale, on pourrait essayer de définir ces « désinvoltures » comme des cassures calculées soit dans le ton, soit dans le développement, soit dans le thème.

Il paraîtra saugrenu d'ajouter ici, à des exclamations, des apostrophes et des désinvoltures, qui sont des structures proprement linguistiques, d'autres structures qui sont purement typographiques. Par exemple, l'alternance de prose et de vers, de poèmes et d'espèces de commentaires ou d'encadrements lyriques en prose à ces poèmes mêmes (structure rarissime, dont l'un des exemples est *La Vita nuova* de Dante). Par exemple aussi l'alternance curieuse, dans le texte, entre les fragments en italiques et les passages en romain, qui ne correspond pas rigoureusement à une opposition entre poème et prose (cf. pp. 20-21, 32, 40-41, 59, 101, 116, etc.). Par exemple enfin, l'insertion dans le texte, en dix endroits, de mots ou de phrases entières en capitales de corps divers (p. 23, 36, 39, 57, 58, 139, 174, 186), pour des mises en relief purement stylistiques, ce qui a dû être aussi un usage rarissime en prose littéraire à l'époque.

Si l'on a réuni des structures aussi diverses c'est qu'on peut faire une hypothèse unique sur leur fonction : toutes, à mon sens, comme le désordre compositionnel qui trouve ici sa pertinence, peuvent s'expliquer par le fait que Gide a cherché (et je crois trouvé) dans *Les Nourritures* un effet lyrique de journal intime. Apostrophes, exclamations, ruptures de tous ordres, aussi bien que variations typographiques qui tendent à décalquer ou à suppléer les variations de la disposition et de l'expression manuscrite, tout cherche à procurer le sentiment capiteux que donnent toujours tous les journaux intimes : la saisie directe de l'expression spontanée, de la démarche confidentielle, de l'aveu total.

Pour démontrer mieux encore combien le recensement hasardeux et arbitraire des structures dans une œuvre littéraire peut être quelque chose de vain tant qu'on n'a pas découvert leur vraie fonction, nous nous arrêterons encore sur une structure lexicale et statistique curieuse : *Les Nourritures* sont constellées de prénoms, trente-trois différents. Abstraction faite de *Nathanaël*, dont la fréquence fausserait les dénombrements, la plupart sont rassemblés dans le livre IV (45 occurrences). Un chercheur traditionnel — et tous les chercheurs traditionnels ont la finesse d'oreille qui conduit à percevoir de tels détails, car c'est cela d'abord, essentiellement, l'éducation littéraire — n'aurait pas été en peine ici non plus d'écrire un article soigné sur les prénoms dans *Les Nourritures*. Il aurait bien vu les hébraïques (Nathanaël, Josèphe, Éliphas, Rachel, Abel), les grecs (Ménalque, Parménide, Théodose, Hylas, Hélène, Phèdre), les latins (Tityre, Mœlibée, Mopsus, Tibulle, Térence). Il aurait facilement interprété la fréquence des arabes (Ahmet, Athman, Bachir, Lossif). Mais il aurait été intrigué par un unique Guzman portugais, par une surprenante Idoine ; sans doute plus encore par une série, d'allure à la fois germanique et médiévale : un Ambroise (qui désigne sûrement Valéry) mais aussi des Angaire, Ydier, Didier, Myrtil, Simiane, Lothaire, Ulrich, Éric ; et même une Cléodalise inattendue, qui semble tout droit sortie de Verlaine. Mais que tirer de cet inventaire, qui est sûrement une structure lexicale et statistique caractéristique, à moins de le réduire à quelque recherche de sources ? (la littérature symboliste semble avoir été friande en effet de ce recours poétique aux Pelléas et Mélisande, aux prénoms dépaysants). Avouons plutôt que, hors de cette pertinence historico-littéraire tout à fait vraisemblable, nous ne leur trouvons pour l'instant aucune fonction esthétique.

On pourrait illustrer d'une autre manière encore l'insuffisance d'un relevé des structures que n'accompagne aucune recherche de leur pertinence propre. Par exemple, notre chercheur traditionnel de tout à l'heure, avec sa finesse d'oreille dont on comprend bien que je ne médis nullement ici, au contraire, aurait pu percevoir dans *Les Nourritures* — et documenter par une solide et savante étude de source — un ton tantôt biblique et néo-testamentaire, tantôt nietzschéen, tantôt whitmanien. Le fait que de temps à autre il lui semblait entendre quelque chose de venu des *Mille et une Nuits* l'aurait préoccupé. La Cléodalise verlainienne l'aurait intrigué de nouveau sur ce point (car cette rime en *-ise* de la page 103 se voit pour ainsi dire authentifiée par les *parleurs* et les *parleuses* de la page 106). La page où il est question par deux fois de couronnes de pourpre[2] et de lierre (p. 102) l'aurait à juste titre aiguillé sur Pétrone. Et le moins surprenant ne serait pas ce fait qu'à l'exception d'une bouffonnerie sur Cicéron, le seul écrivain qui soit nommé dans *Les Nourritures* est Boccace. Notre chercheur, traditionnel mais pourtant plein de mauvaise conscience anti-lansonienne, aurait eu la ressource de dissimuler son étude de sources en la baptisant recherche de résonances stylistiques, en la modernisant superficiellement par un vocabulaire métaphorique musical : thème, phrasé, leit-motiv, etc. Il n'aurait pas répondu pour autant aux vraies questions posées par les structures stylistiques qu'il aurait finement identifiées : quel rapport entre Nietzsche et Verlaine ici, ou entre Whitman et Boccace ? En d'autres termes, toutes ces résonances — dont la réalité dans l'œuvre peut être acceptée sous bénéfice d'inventaire — ont-elles la même pertinence et la même fonction littéraire ? Si l'on se pose ces questions, au lieu d'inventorier mécaniquement des sources qu'on met *ipso facto* sur le même plan, on découvrira peut-être que l'Évangile, Whitman et le Nietzsche du *Zarathoustra,* ont la même pertinence et la même fonction. Comme *Les Nourritures,* ce sont des annonciations d'une bonne nouvelle, des évangiles d'un nouveau style de vie (et le ressouvenir de *La Vita nuova* n'est pas déplacé ici, devient même pertinent, si l'on peut prouver qu'il est aussi chez Gide, et non seulement chez tel de ses lecteurs). Inconsciemment sans doute, *Les Nourritures,* dans ces trois œuvres, ont trouvé quelque chose de leur

---

2. Il y a là probablement un lapsus qui n'a pas été aperçu : *pourpre* doit être une lecture erronée de *pampre* car, chez tous les auteurs latins, c'est toujours de couronnes de pampre et de lierre qu'il est question.

ton prophétique; de leur : « Je vous annonce l'avènement de la Sensation. »

La pertinence et la fonction du ton *Mille et une Nuits* que je crois entendre parfois dans *Les Nourritures* m'échappent encore; la référence au Coran n'est qu'un autre indice. Mais pour ce qui est de Boccace, à qui la référence est explicite, les confirmations abondent. Tout le livre IV est un livre italien, d'abord. Mais surtout c'est le récit d'une véritable fête galante à la manière du *Décaméron*. Par ses décors : « J'habitai quelques mois dans un palais du lac de Côme » (p. 83-84); puis : « Dans un jardin de Florence... » (p. 71); puis encore : « La terrasse monumentale où nous étions... » (p. 86); enfin : « Dans ces mêmes jardins où, du temps de Boccace, Pamphile et Fiammetta chantaient... » (p. 100). Par son thème aussi : la nuit chez Ménalque est une réunion d'hommes et de femmes d'une grande distinction, ce qu'on a nommé en Italie, où la chose était presque une institution jusqu'au moins la fin du XVIᵉ siècle, une « compagnie de plaisir »; une réunion de beaux êtres discutant de la vie et de l'amour au milieu de la fête dont ils étaient simultanément les acteurs et les spectateurs. La référence à Boccace est donc éclairante, elle est en situation, c'est la clé structurale du livre IV; et, par contre-coup, elle justifie l'écho verlainien des *Fêtes galantes*; et sans doute aussi l'écho très atténué de Pétrone (bien que la fête chez Trimalcion ait une autre coloration, mais qui pour Gide ne l'oppose pas aux deux autres). Les résonances boccaciennes, verlainiennes et pétroniennes forment donc un tout, sans aucun rapport esthétique immédiat, ni comme pertinence ni comme fonction, avec l'Évangile, Nietzsche et Whitman : les regrouper dans une étude de sources, même sous le nom de structures musicales des *Nourritures,* serait un contresens. (On peut se demander légitimement si la fonction esthétique profonde des prénoms des *Nourritures* n'est pas liée intimement à cette interprétation surtout boccacienne que je propose ici du livre IV.)

Tout ceci, naturellement, n'est que fragments d'analyse. S'il fallait rendre compte de l'effet produit par *Les Nourritures terrestres* sur telles générations de lecteurs (et c'est cela leur fonction esthétique), il faudrait à mon avis voir si tout le livre n'est pas centré sur une célébration poétique de la sensation; et chercher les structures, en premier lieu thématiques, puis stylistiques, mais aussi probablement

150

psychologiques et presque sûrement socio-culturelles qui étaient et sont peut-être encore à l'œuvre pour obtenir cet effet. Ce qu'on a voulu faire ici, c'est illustrer seulement, par quelques exemples, les problèmes du bon et du mauvais usage des structures.

Comme on aura pu en juger par ces exemples, si l'analyse de type structural appliquée à l'œuvre littéraire n'est pas déplacée aux yeux du linguiste, elle n'est pas totalitaire. Elle souligne d'abord, en la justifiant, la place accordée à l'intuition du récepteur de l'œuvre, qu'il soit chercheur ou lecteur. Tantôt cette intuition livre d'abord une structure (fréquence des prénoms, par exemple, ou des exclamations) dont il reste à trouver l'éventuelle fonction. Tantôt elle livre une fonction du texte (son goût de journal intime par exemple; ou son arrière-goût des *Mille et une Nuits*), dont il va s'agir de découvrir le cas échéant au moyen de quelles formes ou structures (ici les deux mots sont quasi synonymes) elle s'exprime. Structures et fonctions, dans ce premier moment, *ne sont encore que des hypothèses,* et des présomptions. Pour les étayer, si l'on ne veut pas rester au niveau d'un essayisme séduisant mais toujours hasardeux, que de vérifications restent à faire! C'est toute une relecture, ou toute une connaissance historico-littéraire des symbolistes qu'il faudrait, par exemple, pour légitimer l'hypothèse avancée sur les mièvreries et les maniérismes syntaxiques, ou sur la fonction présumée des prénoms. C'est tout Gide, et d'abord tout le *Journal,* et toute la correspondance quand on en disposera, qui justifieront sans doute ce qu'on postule sur la pertinence esthétique des références à Boccace, et l'apparentement subtil avec *La Vita nuova.* (Gide a-t-il lu Boccace, et Dante? Et quand? Qu'en a-t-il dit quelque part? Comment s'explique sa référence explicite, non pas au *Décaméron,* mais au poème de *la Fiammetta,* tout à fait inattendue?) Et ce *goût de journal intime,* dès 1897, ne sera-t-il pas, outre les preuves internes, solidement conforté par la preuve externe de tout ce que Gide a pu dire de l'effet sur lui, par exemple, du *Journal* d'Amiel? Et comment utiliser, si c'est possible, ce qu'il a dit de la traduction des *Mille et une Nuits* de Mardrus, dans *Prétextes* et sans doute ailleurs? Il n'est nullement déplacé non plus de se demander, malgré l'affirmation de Gide selon qui Ménalque non plus que Nathanaël n'a jamais existé, si le modèle idéalisé ici n'est pas Oscar Wilde. Et qui peut d'avance affirmer qu'une investigation sur Maurice Quillot, dédicataire de l'œuvre, n'apportera rien ? D'autre part, pour apprécier correctement les quelque vingt-cinq fragments brefs où Gide insinue, suggère ou confesse une homosexualité discrète — et si l'ensemble des *Nourritures* n'est pas seulement le contexte organique et systématique de ces vingt-cinq fragments —, ce sont de longues enquêtes psychologiques et sociologiques qu'il faudra conduire. Biographie, histoire littéraire, histoire tout court (des mœurs, et des idées), tout redevient ou peut redevenir utile, c'est-à-dire utilisable.

Tout au plus l'enseignement du linguiste ici pourrait-il être celui-ci : montrer au chercheur traditionnel comment et pourquoi le structuraliste outrecuidant d'aujourd'hui peut s'expliquer sinon se justifier dans ses outrances iconoclastes. La recherche historique et littéraire traditionnelle, en effet, avait plus d'une fois perdu de vue le précepte déjà fonctionaliste de Lanson, selon qui « tous les secours de l'érudition et de la critique, toute l'écriture amassée autour des textes [...] ont pour fin dernière la lecture personnelle des textes » (Il ajoutait aussi : « A quoi bon décrire des œuvres qui ne valent pas la peine d'être lues ? »[3]) La recherche de la biographie pour la biographie, des sources pour les sources, de l'histoire pour l'histoire peut aboutir et aboutit en effet trop souvent à des tonnes de documents dont le rapport avec l'œuvre, c'est-à-dire la pertinence, n'est pas évident. Et ce rapport, rappelons-le, peut être historique, psychologique, sociologique, historico-littéraire, linguistique, et non pas immédiatement esthétique. Faute de se demander la pertinence et la fonction de ces documents, la recherche traditionnelle enfouissait trop souvent dans ses archives jusqu'à les rendre introuvables, les quelques milligrammes (quelquefois) d'information esthétiquement pertinente. L'excès inverse, pour compréhensible qu'il soit d'un point de vue historique et psychologique, n'est pas plus intelligent.

---

3. *Histoire de la littérature française,* 12e édition revue, 1912, pp. XIV, XV.

III

DU BON USAGE DES STRUCTURES EN LITTÉRATURE

Le caractère commun de toutes ou presque toutes les méthodes qu'on a proposées ces temps-ci en critique littéraire est peut-être celui-ci : pour trouver la signification d'une œuvre, en rechercher les structures.

Or, on n'insistera jamais assez sur le fait qu'un roman par exemple, une pièce de théâtre, voire un simple poème, sont des objets dont la structure totale est extrêmement complexe, constituée probablement elle-même de centaines de structures unitaires. La statistique de la répartition des voyelles et des consonnes est une structure, celle de la fréquence des noms, des adjectifs, des verbes, ou même des coordonnants en est une autre. La typologie des phrases aussi. Et tous les éléments répétitifs dans un roman constituent des structures. On n'a d'ailleurs aucune raison de principe de vouloir se limiter à l'inventaire fastidieux des seules structures linguistiques. Les relations entre personnages, la succession des événements qui constituent l'intrigue sont aussi des structures, ainsi que l'organisation générale qu'on appelait traditionnellement la composition d'une œuvre. L'analyse structurale d'un roman devrait être d'abord un inventaire objectif exhaustif.

En fait, ce n'est jamais le cas. Les chercheurs choisissent toujours les structures sur lesquelles ils décident de porter leur attention. Cette opération fondamentale n'est jamais justifiée, c'est l'intuition du chercheur, ou la tradition, souvent la mode critique du moment, qui déterminent le type de structures qu'on cherche et qu'on veut trouver dans l'œuvre considérée. Or, ce choix premier constitue la décision capitale, et, s'il est fondé sur un postulat erroné, toute la recherche est viciée au départ.

En empruntant la notion de structure aux linguistes, de façon tout extérieure et livresque, sans acquérir aucune pratique linguistique proprement dite, les chercheurs en littérature ont malheureusement commis une grave erreur théorique. Ils ont isolé un concept qui n'opère pas seul. En effet, s'il est un enseignement capital en linguistique depuis Saussure, c'est que la tâche fondamentale du linguiste consiste à démêler (parmi tous les faits de toutes sortes qui constituent le phénomène total appelé langage) uniquement les faits qui sont pertinents du point de vue linguistique. Emprunter la notion de structure sans la notion conjointe de pertinence, c'est se condamner aux tâtonnements, aux impasses, à l'échec. Or la notion de pertinence (ce mot, employé superficiellement, n'est devenu que trop commun) est une notion stricte, opératoire, en linguistique. Une structure n'est linguistiquement pertinente que si elle participe à la fonction de communication du langage. Par exemple, l'extraordinaire variété des réalisations du *l* français (sourd dans *clic,* sonore dans *lasse,* nasal dans *chambranle,* etc.) — réalisations qui sont soigneusement distinguées et décrites par les phonéticiens — n'a aucune pertinence en phonologie du français, car ces variantes n'assurent aucune fonction dans la communication : aucune paire minimale de mots français n'est rendue distinctive du fait que l'initiale d'un des mots serait un *l* sourd, de l'autre un *l* sonore, ou nasal, etc.

On comprendra sans doute que si la linguistique peut apporter quelque chose à la recherche en littérature, ce sera en attirant l'attention sur le fait que toutes les structures découvertes dans une œuvre ne sont pas forcément pertinentes, c'est-à-dire n'ont pas forcément de fonction *au niveau de l'analyse de l'œuvre en tant qu'œuvre.* Telle structure, présente dans un roman, peut n'avoir de pertinence que génétique ou biographique : elle renseigne sur une intention ou une obsession de l'auteur. Telle autre aura une pertinence historique, ou sociologique, ou psychologique, ou psychanalytique, ou historico-littéraire. Toutes les structures ne sont pas pertinentes au même niveau : on n'aura rien fait, dans l'exploration de la signification d'une œuvre *en tant qu'œuvre,* tant qu'on n'aura pas montré que telle ou telle structure (génétiquement, sociologiquement, psychanalytiquement, etc., pertinente) collabore à l'effet produit par cette œuvre, c'est-à-dire a une pertinence esthétique, parce qu'elle a une fonction esthétique.

En mettant au centre de la recherche littéraire la notion de fonction (esthétique, littéraire, ou poétique) d'un texte, il faut être conscient du fait qu'on déplace le centre de gravité de la recherche traditionnelle : de l'émetteur, ce centre devient le récepteur. Au lieu de décrire minutieusement tous les *pourquoi* et tous les *comment* du texte qui visent toujours le texte par rapport à l'auteur, parler de fonction esthétique, c'est affirmer, comme point de départ de toute recherche, l'effet produit par le texte sur le lecteur ou sur des lecteurs. C'est d'ailleurs le point de départ intuitif et historique de toute recherche esthétique : il n'y a intérêt esthétique que s'il y a eu effet produit ; mais cet effet, considéré trop vite comme évident, et toujours postulé (notamment par les rhétoriques), n'a jamais été étudié en soi et pour soi. Ce renversement de la perspective critique ne signifie pas, comme l'ont cru et proclamé trop de structuralismes littéraires, le rejet de toute recherche sur les *pourquoi* et les *comment* qui constituent la critique génétique de l'œuvre. Tout simplement, c'est leur assigner une autre place hiérarchique dans la recherche : ces *pourquoi* et ces *comment* n'offrent d'intérêt et ne doivent donc être interrogés que si et dans la mesure où ils sont esthétiquement pertinents. Ce même renversement justifie et fonde théoriquement le recours privilégié, toujours revendiqué avec passion par tous les critiques, à l'intuition du lecteur sur le texte, à sa subjectivité. Mais il ne s'agit plus d'un débat métaphysique sur les droits abstraits et généraux de l'objectivité et de la science opposés à ceux de la subjectivité et de la liberté de l'individu. C'est parce que le seul moyen d'investigation sur les effets de l'œuvre d'art passe par l'exploration de la subjectivité du lecteur — si difficile soit cette exploration — qu'il faut commencer par là. Les droits de l'intuition, de la subjectivité, du vécu individuel deviennent la base proprement théorique sans laquelle toute recherche littéraire est suspendue dans le vide : toutes les hypothèses sur l'œuvre, et sur l'esthétique, ne peuvent partir objectivement que des effets produits par la lecture de l'œuvre sur un sujet.

Nous prendrons ici, pour illustrer ces affirmations, l'exemple de *Guerre et paix* de Tolstoï. J'ai relu peut-être dix fois en trente ans ce roman, par goût et non par obligation (et ceci est déjà une indication, souvent négligée par la critique : quelles sont les œuvres que l'on relit ?).

C'est tardivement que j'ai pris conscience de l'existence, dans ce roman, d'une structure sur laquelle la critique n'avait jamais attiré mon attention : le nombre et l'importance des descriptions de la mort de personnages. La critique privilégie la seule double agonie du prince André, et surtout sa découverte du « ciel », « haut », « sombre », « lointain », « profond », « infini » au-dessus de sa tête à

Austerlitz. Or, si cette agonie est un moment central du livre, elle est escortée, préparée, continuée par d'autres. Il y a d'abord, dès le début, la place considérable accordée à la mort du comte Bezoukhov. Puis la mort de Lise Bolkonskaïa, préparée, presque dès les premières pages et en plusieurs endroits, par sa peur instinctive de l'accouchement. Puis la mort du loup, puis celle du vieux prince Bolkonski, celle de l'officier d'artillerie à Borodino. Il y a aussi l'exécution capitale de Verestchaguine, puis celle, non moins importante, du prisonnier russe par les soldats français, ainsi que celle de l'ouvrier. Enfin, dans le dernier quart du roman, la seconde agonie et la mort du prince André, la mort de Pétia, l'exécution de Platon Karataïev et la fin d'Hélène Bezoukhov. Ces morts elles-mêmes sont prises dans une trame plus serrée de moments où passe la présence de la pensée de la mort : le pari de Dolokhov, dès les premières pages, comme une espèce de roulette russe ; le premier blessé de la guerre sur le pont de l'Enns ; la discussion avant la bataille d'Austerlitz ; le duel de Pierre avec Dolokhov ; le prince André au chevet de son fils. Sans compter les méditations sur la mort des protagonistes et des comparses, d'André, de Pierre, de l'oncle de Natacha ; peut-être surtout de Natacha elle-même, dans quelques instants brefs où elle s'arrête, elle, la vivacité incarnée, sur le saisissement causé par la perception de la pensée de la mort.

Jusqu'ici nous n'avons qu'une donnée subjective, l'attention d'un lecteur remué, à un moment quelconque, par une série de coïncidences et de similitudes qui semblent former structure dans l'œuvre. C'est généralement le point où s'arrête l'essayisme intuitionniste, la seule base — qu'il considère bien établie — de toutes ses constructions ultérieures. Or c'est justement le point où il faudrait, tout en respectant la donnée première, intuitive, irremplaçable, la soumettre à la vérification objective afin de s'assurer de l'existence, de la pertinence, et de la fonction de cette structure possible. Cette mise en série de toutes les morts du roman pourrait n'être qu'une sélection subjective propre au lecteur, une projection de ses propres préoccupations ou obsessions, qui découperaient dans l'œuvre, arbitrairement, des éléments sans rapports, ou sans rapports significatifs, entre eux. Ces morts pourraient être là pour des raisons tenant à la thématique la plus superficielle du roman, puisqu'il s'agit de la guerre. Elles pourraient être là aussi pour des raisons biographiques ;

parce que Tolstoï aurait été profondément obsédé par le problème de la mort (et toutes les obsessions du romancier sont loin d'être pertinentes, c'est-à-dire de contribuer à la qualité littéraire de l'œuvre, à son action sur le lecteur), ou par fidélité scrupuleuse aux données historiques et démographiques de l'époque, etc. Il faudra donc vérifier la validité de la structure aperçue, par des recherches qui montrent la vanité de tout structuralisme enfermé par décret dans l'œuvre seule : ici, biographie, histoire, histoire littéraire, peut-être psychanalyse, idéologie aussi, doivent être questionnées, fût-ce par acquit de conscience, avant toute affirmation. Sinon, on va inventorier l'œuvre, et non ce qui la constitue en tant qu'œuvre, entasser pêle-mêle le pertinent et le non-pertinent sans même se douter de leur existence distincte, donner le signalement tout externe et non l'analyse proprement structurale de cette œuvre.

Mais, si l'on reprend ces morts une à une, on voit que certaines, parmi les plus importantes dans le roman (celles de Bezoukhov, de Lise, du vieux Bolkonski par exemple), n'ont pas de rapport avec la guerre ; même celle du prince André n'y est liée que par accident si l'on peut dire, elle n'entre guère dans le tableau de la guerre, ou en sort tout de suite. On voit aussi que toutes ces morts, telles qu'elles sont narrées, présentent des caractères communs, probablement ceux qui ont contribué à en faire percevoir la répétition comme une structure, et qui rendent compte de la fonction de cette répétition, de son effet sur le lecteur, même s'il n'est pas enregistré consciemment par celui-ci.

Le spectacle et la narration de toutes ces morts, en effet, s'accompagnent de traits récursifs assez remarquables, peut-être en ce qu'ils ne sont pas ceux qu'on attendrait de la lecture socialisée (ni même de la nature littérairement socialisée) de ce thème. Tout d'abord, aux moments centraux, la présence vécue de la mort engendre chez les protagonistes une réaction presque biologique, un élan brusque, existentiel, vers la vie, qui prend « un éclat particulier et une rudesse joyeuse » (chez Nicolas Rostov et chez son colonel, au pont de l'Enns ; c'est là qu'apparaît aussi pour la première fois le ciel « beau, bleu, si calme, si profond » dont la présence semble vacciner contre l'angoisse de la mort au moment même où elle survient). Chez le prince André à Brünn, le ressouvenir vif de la bataille dont il sort provoque, « plus vif que dans l'enfance même, le sentiment de la joie folle de vivre ». Sur le champ de bataille d'Austerlitz, son premier mouvement, sitôt sorti de son évanouissement, son premier sentiment est pour « cette vie, qui lui semblait si belle maintenant ». Et quand il est de nouveau blessé à Borodino : « Je ne puis, je ne veux pas mourir ! J'aime la vie, j'aime cette herbe, la terre, l'air. » Et c'est aussi le mouvement de Pierre, après avoir traversé la captivité, la retraite, les exécutions d'otages.

Un second trait commun à beaucoup de ces descriptions de la mort est celui des réactions des spectateurs. Presque toujours il y a un moment où certains, ou tous, sont tirés de leur comportement socialisé devant la mort, et vaincus par l'émotion simple, incontrôlable, à ras de la réaction biologique aussi ; le prince Vassili au moment de la mort de Bezoukhov, sa mâchoire qui tremblait, sa brusque panique, ses larmes ; le vieux Bolkonski, si dur, si maître de soi, qui n'aime pas sa belle-fille et qui, lorsqu'elle meurt, « dès que la porte s'ouvrit, en silence, enlaça le cou de son fils et sanglota comme un enfant ». Même chose chez Koutousov, avec ce brusque attendrissement sénile qui fait trembloter ses lèvres grasses, lorsque le prince André lui annonce la mort de son père. Bref instant où la mort de l'autre, comme le note Tolstoï, émeut le spectateur, pour l'autre, « et pour lui-même ».

La préférence de Tolstoï pour ces traits quasi cliniques du moment de la mort est sensible aussi lorsqu'il décrit ce regard du mourant « dont l'homme ne peut comprendre ni le sens ni l'importance. Ou ce regard ne signifie rien du tout, sauf : tant qu'on a des yeux, il faut regarder quelque chose ; ou il signifie beaucoup trop ». Mais cette préférence est soulignée par deux fois, là où Tolstoï rapproche, dans leurs effets immédiats sur l'homme, la mort humaine et la mort animale. « Quand l'homme voit un animal mourant, note-t-il, l'horreur le saisit : ce qu'il est lui-même — son essence — s'anéantit devant ses yeux... » Et aussi, plus fortement, lors de la mort du vieux prince Bolkonski : « *Semblables aux chevaux qui se cabrent et frémissent en voyant un cheval mort,* dans le salon, autour du cercueil, se pressaient les étrangers, les familiers, le maréchal de la noblesse... »

Certes, il est aisé de rendre compte de cette prédilection de Tolstoï pour de tels traits constitutifs : ils dépendent de sa conception de l'art, bien connue, qu'il a exposée lui-même, et qui est fondée sur la prépondérance d'une mise en jeu des sentiments et des émotions. Si l'on peut prouver qu'il en est ainsi — et on le peut — les traits dont nous venons de souligner la présence et l'importance ont une signification génétique (ils font partie des intentions esthétiques avouées par l'auteur), une pertinence historico-littéraire (ils s'insèrent dans une histoire des conflits entre théories de l'art) et une pertinence idéologique du fait même du choix de Tolstoï (son anti-intellectualisme). Si, par ailleurs, par l'enquête biographique et par l'enquête littéraire combinées (le dépouillement de toutes les œuvres), on parvient à prouver que cette coloration de la mort chez Tolstoï est liée à sa sensibilité personnelle, les faits que nous relevons auront une pertinence psychologique, et de nouveau génétique (d'un autre point de vue, biographique ici, que ci-dessus). Mais on n'aura pas prouvé non plus de cette façon qu'ils ont une pertinence esthétique.

D'autre part, le dépouillement de l'œuvre apportera des présomptions renforcées du fait que nous avons identifié une structure intentionnelle, une image obsédante profonde (par exemple, un récit important de Tolstoï, publié par la *Revue des deux Mondes* en 1898, intitulé *Trois Morts,* confirmerait notre intuition : l'une des morts est celle d'un moujik, une autre, plus forte dans son effet, celle d'un arbre). Mais la fonction, et surtout la fonction esthétique, de cette structure ?

Deux voies s'ouvrent pour répondre à cette question. La première est de critique interne : examiner si cette structure répétitive a une fonction aux autres niveaux d'analyse de l'œuvre. Par exemple, il ne semble pas qu'elle ait une fonction dans l'agencement proprement dramatique du roman : nulle de ces morts, par la place qu'elle occupe, ne commande le mouvement de l'intrigue, — même celle du prince André, qui n'ajoute rien de capital au drame de Natacha. Il est difficile de trouver à cette structure une pertinence autre que thématique, au sens musical du terme : la présence ou la pensée de la mort reviennent une soixantaine de fois dans l'œuvre, à intervalles irréguliers mais disséminés, sans concentration particulière, sur toute l'œuvre, avec une fonction de présence, de rappel. Il ne faudrait surtout pas accentuer sur ce point la métaphore musicale en la croyant explicative. Les fragments sont très divers en étendue ; ils vont d'une ligne parfois jusqu'à quelques pages (une douzaine pour le comte Bezoukhov), de quelques mesures à tout un morceau. La pertinence compositionnelle paraît certaine, mais elle ne joue pas sur le plan des structures intellectualisées du roman. L'effet probable est de faire naître une coloration sensible, au second plan de l'œuvre. Cette coloration doit être essentielle pourtant : *La Guerre et la paix* c'est, au fond, la mort et la vie. Arrivés à ce point, sans doute faudrait-il examiner si des qualités stylistiques, proprement liées à la langue, ne valorisent pas le thème. Mais il faudrait faire la recherche en russe, les trois ou quatre traductions françaises consultées ne livrant évidemment rien de particulier ni de sûr, sinon que cette structure, même si elle est liée — partiellement — à la qualité linguistique, traverse la traduction, ne dépend pas d'elle essentiellement. Tout au plus reste-t-on sensible à la sobriété de Tolstoï lorsqu'il fait penser ses personnages à la mort. A la différence de ce qui se passe quand le livre médite sur l'histoire, aucune dissertation philosophique intellectuelle ici. Rien que de brèves notations existentielles qui reflètent la perception la plus nue : sauf autour de la princesse Marie et à un certain moment chez Pierre, l'accent est mis, dans une phrase brève, sans recherche, sur la question sans réponse, l'incompréhensible, où « tout est si bref et si mystérieux ».

Ici aussi, la pertinence idéologique est certaine. Les écrits de Tolstoï ne laissent aucun doute sur la volonté d'apostolat qui nourrit son christianisme primitif, et sur le moyen qu'il choisit préférentiellement pour saisir ses lecteurs : le sentiment, l'émotion, plus que le raisonnement. Mais cette intention idéologique pourrait être inefficace, ne donner qu'un roman à thème, et raté.

Ceci nous reconduit à la seconde voie, la voie externe, qui reste pour essayer de vérifier la pertinence esthétique de cette structure que constitue le leit-motiv de la mort dans *Guerre et paix*. Ce serait l'enquête sur les effets produits par l'œuvre sur les lecteurs. Une première version de cette méthode a été proposée par Michael Riffaterre, c'est ce qu'il appelle l'archilecteur d'une œuvre. Il désigne ainsi la constitution d'un corpus formé de tout ce qui a été écrit sur une œuvre, par tous les lecteurs-critiques possibles. Ce corpus constitue le matériau sur lequel peut s'exercer une analyse qui permettra de cerner, d'abord tous les éléments de l'œuvre cités ou mis en relief, les réactions, leurs divergences et, surtout en ce qui nous concerne, leurs convergences. Ce serait le seul moyen d'apercevoir des invariants dans la masse des réactions, des quasi-universaux si l'on peut dire, de cette œuvre. Nul doute que le concept d'archilecteur ne donne forme et rigueur à quelque chose qui a été perçu très intuitivement quand on parle de l'« éternité » d'une œuvre, ou qu'on essaie de découvrir le noyau du consensus qui se forme autour d'elle. Nul doute non plus que le maniement du concept d'archilecteur ne soit difficile, et délicat. Constituer l'archilecteur de *Guerre et paix* serait une tâche gigantesque, et mêlerait au départ des réactions peu propres à être rassemblées, rendues différentes par la culture, par l'époque, par le milieu sociologique, par l'idéologie. Mais ce serait précisément aussi l'un des moyens les plus objectifs d'isoler, d'une part ces variables, et d'autre part, peut-être, un ou des invariants. Sur ce point, comme sur la génération spontanée autrefois, nous avons tellement trop d'idées toutes faites et depuis longtemps (sur l'ouverture et la fermeture de l'œuvre) que le difficile est de persuader de la nécessité d'une vérification objective. Si l'œuvre est une auberge espagnole où chaque époque, chaque milieu, chaque idéologie ne découvrent que ce qu'ils y mettent, seule la technique de l'archilecteur peut le dire ; et s'il reste un résidu, s'il se révèle un invariant, aussi. Mais on dirait que les convictions trop faites ont toujours peur de la vérification : beaucoup tiennent moins à l'œuvre, à la réalité de l'œuvre, qu'à ce qu'ils affirment, sur l'œuvre et d'eux-mêmes, à travers cette œuvre et cette affirmation.

Nul doute non plus que le concept d'archilecteur, tel que l'a proposé *grosso modo* Riffaterre, ne puisse et ne doive être affiné. L'une des procédures possibles, qui éliminerait les inconvénients de l'enchevêtrement des variables, serait d'opérer sur un échantillon raisonné de lecteurs, en synchronie. Les difficultés ici, outre les difficultés pour constituer l'échantillon, seraient liées à l'élaboration d'un questionnaire assez directif pour être efficace, et assez non directif pour n'écarter rien ; un questionnaire dont chaque question, de plus, devrait être assez fine pour provoquer la réaction la plus élémentaire, presque l'association libre des psychanalystes. On mesure l'étendue de telles exigences, qui supposent une maîtrise de la procédure du questionnaire analogue à la science et à l'art de Bourdieu et Passeron dans leurs questionnaires sociologiques, mais dans un domaine infiniment moins saisissable.

La procédure de l'archilecteur peut apporter, dans l'immensité des matériaux dont nous disposons pour l'analyse de l'œuvre, une façon d'introduire un ordre de réflexion plus adéquat. Par exemple, Lénine était un lecteur de Tolstoï, il nous a laissé sur celui-ci six articles importants. Tous sont centrés sur ce qui est historiquement, sociologiquement, idéologiquement pertinent chez Tolstoï, qui n'est analysé que comme « miroir de la révolution russe » (entre 1861 et 1905), comme reflet « du mouvement des masses, et précisément du mouvement paysan ». Mais Lénine souligne toujours, dans une incise, que cette analyse n'a d'intérêt que « si nous avons en face de nous un artiste véritablement grand », « un artiste génial », un écrivain qui « a su s'élever à une grande puissance artistique », qui a « créé des œuvres d'art que les masses apprécieront et liront toujours », et qui traduit la réalité « avec une force dont seuls les artistes de génie sont capables », etc. C'est-à-dire, et c'est important venant d'un lecteur et d'un analyste tel que lui, qu'il sépare (peut-être antidialectiquement) la pertinence idéologique de la pertinence esthétique — mais il reconnaît pleinement celle-ci. C'est aussi la position de Lukacs, très nette dans sa correspondance avec Anna Seghers : « pour être écrivain, il faut avoir du talent », « l'élément spécifique soi-disant poétique » de toute œuvre « doit être *présupposé* ». Il n'est pas indifférent de rencontrer cette preuve en creux du concept de pertinence esthétique.

En désaccord avec les structuralistes littéraires hâtifs qui, s'étant jetés sur la notion de structure, proscrivent en son nom toutes les autres formes d'investigation sur l'œuvre, il faut donc insister au contraire, en reprenant un mot que René Char disait du poète, sur le fait que le critique n'aura jamais trop de toutes les clefs accourues dans sa main pour entrer dans une œuvre. Ainsi, l'une des preuves possibles de l'importance de la structure constituée par le thème de la mort dans *Guerre et paix* se trouve peut-être dans ce fait que *la Tempête* d'Ilya Ehrenbourg est un roman construit sur la même structure, une espèce de contre-*Guerre et paix* dans lequel l'homme d'une autre époque doit faire face, malgré son matérialisme et son socialisme, à la même interrogation que l'homme de Tolstoï : pour vivre, il faut répondre à cette question sur la mort, et y répondre existentiellement, non par une idéologie. Ehrenbourg, comme Tolstoï, a une idéologie, mais son roman, comme celui de Tolstoï, est une enquête ouverte. Peut-être est-il le seul lecteur qui ait perçu la structure centrale du livre de Tolstoï ? Pour savoir dans quelle mesure cette aperception a été consciente, et ce parallélisme volontaire, on n'aura pas trop de toute l'histoire littéraire.

Mais cette structure, qu'un ou quelques lecteurs ont pu percevoir comme centrale, y est-elle objectivement ? Pour en être un peu plus sûr, il faudrait encore examiner son rapport (hiérarchique ?) avec d'autres structures qui ont une fonction dans le roman. Certaines sont connues depuis longtemps ; le thème de la guerre (et les thèmes conjoints de la stratégie et de la tactique) ; le thème de la signification de l'histoire, un des plus intellectualisés du livre avec le précédent ; le thème, moins bien exploré, de l'amour ; le thème de la Russie. Tous ces thèmes ont des relations entre eux, constituent peut-être la grande structure, la plus englobante, de l'œuvre. La fin réelle du roman, celle de la première partie de l'épilogue, est étonnante : après une discussion politique où il est question, vers 1820, de fonder une société plus ou moins secrète, libérale, le fils du prince André, Nicolas, demande à Pierre : « Si mon père vivait, serait-il de votre avis ? » La nuit, il rêve de tout cela, et le matin il se dit (c'est le *dernier mot* du roman) : « Père ! Père ! Oui, je ferai des choses dont lui-même aurait été fier ! » Dans le contexte, on ne peut pas ne pas penser au futur complot des Décembristes : Russie, vie, mort, histoire et combat se retrouvent associés pour un nouveau drame ; faut-il dire en dépit de l'idéologie — fort peu révolutionnaire politiquement — de Tolstoï ?

Tel est le type de démarche suggéré par un emprunt conséquent des concepts de la linguistique actuelle dans le domaine de la recherche en littérature : structure, pertinence, fonction doivent être indissolublement liées dans l'analyse. Une simple esquisse exploratoire suffit à montrer — contrairement aux solutions simplificatrices et totalitaires de trop de structuralistes superficiels — que nous ne savons pas encore vraiment comment fonctionne l'œuvre littéraire. Peut-être le travail empirique des siècles a-t-il à peu près tout aperçu de ce qu'il faudra dire à ce sujet, mais fragmentairement, dans le désordre. La pertinence psychologique, ou sociologique, ou psychanalytique, ou idéologique, agissent-elles au niveau esthétique ? Toujours ? Parfois seulement ? Pourquoi et comment ? Voilà par exemple quelques questions sur lesquelles tout le monde a des faits à citer, des opinions à émettre, mais rien de vérifié, d'analysé, de structuré.

Si la linguistique enseigne quelque chose ici, c'est qu'il faut renoncer à l'essayisme de toujours, camouflé sous des terminologies scientifiques en vogue. Nous ne sommes qu'à la pointe de l'aube d'une étude scientifique de la littérature. Il est bien d'en être conscient, plutôt que de se masquer les problèmes avec des théories déjà toutes fermées, qui postulent qu'elles savent tout sur l'œuvre. En 1977 en littérature, l'avenir appartient sans doute aux structuralistes inquiets.

IV

UN POÈME D'ELUARD

Je n'arrive plus à me souvenir de l'impression que me fit *Couvre-feu* quand je le lus pour la première ou les premières fois, en 1942 ou 1943, dans la toute petite édition de la Main à Plume. J'en suis très étonné moi-même, mais c'est un fait. Sans doute retint-il mon attention lorsqu'il fut republié dans *Au rendez-vous allemand* (2ᵉ éd., 1945). Mais moins que certains autres : *Liberté* naturellement, *Comprenne qui voudra*, peut-être *Avis*, sûrement *Gabriel Péri, Courage*. C'est de 1954 ou 1956 que datent ces premiers souvenirs concernant mon engagement personnel vis-à-vis de ce poème. Je l'ai depuis proposé quatre ou cinq fois à un auditoire.

Couvre-feu

Que voulez-vous la porte était gardée
Que voulez-vous nous étions enfermés
Que voulez-vous la rue était barrée
Que voulez-vous la ville était matée
Que voulez-vous elle était affamée
Que voulez-vous nous étions désarmés
Que voulez-vous la nuit était tombée
Que voulez-vous nous nous sommes aimés[1].

J'ai donc recueilli, sur ce poème, des dizaines de réactions en plus des miennes. Elles valent ce qu'elles valent, obtenues qu'elles ont été dans un cadre universitaire en général, et public, certainement aussi libéré qu'il dépendait de moi, mais avec des auditeurs malgré tout peu préparés à ce genre d'explorations. Pourtant ces réactions, recueillies à Bruxelles, à Washington, à Sèvres, à Aix, à Québec, offrent des récurrences voyantes. Il y a des auditeurs qui n'aiment pas le poème, et qui le disent, et qui disent pourquoi. Tel est à la fois très touché mais très agacé par les répétitions, les rimes, le côté puéril de poésie enfantine, de comptine. Pour tel autre le poème a perdu tout son charme, il a un goût de sincérité un peu trop

---

1. *Choix de poèmes, op. cit.*, p. 263.

fabriquée. Un troisième, qui exprime probablement la même impression, parle du ton de fausse innocence de ce poème. Une auditrice, très mesurée dans son expression, dit fermement qu'elle n'aime pas ce poème où l'amour a l'air d'être présenté comme un pis-aller. Ce sont exactement les termes employés pour énoncer ces réactions négatives diverses.

En regard, à travers les temps et les lieux des diverses enquêtes, apparaît une première constante. Le poème touche par sa simplicité, c'est le mot qui revient, quelquefois explicité par des références à la forme (les répétitions, les antithèses), quelquefois par des impressions (chaque vers a l'air d'une diapositive avec une légende ; ou bien : des phrases qui se ressemblent, paraissant faites pour enseigner le français aux étrangers, etc.)

Une autre réaction est encore plus fréquente. Pourquoi ce ton d'excuse, ces excuses vis-à-vis de l'amour, cette espèce de culpabilité, ce plaidoyer où l'on sent une lassitude, quelquefois aussi de l'agressivité, comme si l'amour avait besoin d'être justifié (vis-à-vis de qui ?) Pourquoi ces *Que voulez-vous ?*

Naturellement, s'agissant de publics universitaires, étudiants ou enseignants, d'autres impressions surgissent, peut-être plus liées à l'attitude culturelle traditionnelle devant un poème. Quelqu'un est très sensible à l'opposition : d'un côté la guerre, de l'autre *nous* ; quelqu'un d'autre à l'opposition guerre / amour ; quelqu'un d'autre encore à celle-ci : les obstacles de la vie quotidienne / l'issue de l'amour ; quelqu'un même au parallélisme (?) : amour déçu / amour possible. Pourquoi pas ? Ce qu'on peut au moins affirmer, c'est que ces réactions subjectives, influencées ou non par un dressage culturel, sont des faits objectifs à partir desquels on peut réfléchir sur ce qu'est vraiment un poème pour un lecteur. D'autres déclics devant le texte se font jour aussi : une lectrice est frappée par la physionomie typographique du poème. Une autre, plus encore, est passionnée par la structure de la page imprimée avec son air de carré magique. Pourquoi pas aussi ? Tout cela doit être accepté, respecté, car tout cela a été vécu à travers une lecture, et saisi puis exprimé somme toute assez spontanément, presque sans stéréotypes proprement livresques. Expliquer le poème, ce serait rendre compte de ces effets, de leurs causes (formelles, sémantiques, psychologiques, historiques, culturelles, etc.) et de la présence ou de l'absence même de ces causes dans le texte (elles peuvent toujours être une illusion d'optique projective du lecteur, et ce n'est pas moins intéressant alors de le découvrir).

Si on a été touché par la force de ces huit lignes malgré leur simplicité, leur sobriété (ou à cause d'elles), il devient possible, et nécessaire, de se demander *où est la source de cette impression.* Le décasyllabe n'aurait-il pas une part ici? Il est plus populaire, moins littéraire que l'alexandrin, il est associé culturellement à la vieille poésie médiévale (qu'Eluard aimait beaucoup; et ici, la référence à sa *Première anthologie vivante de la poésie du passé*[2] n'est pas de l'histoire littéraire plaquée sur le texte, c'est le texte même qui la rend pertinente). Ceci suggère que le jeu de la rime-assonance va dans le même sens. Elle ramène elle aussi le lecteur cultivé vers des échos de musicalité archaïque XIe-XIIe siècles, vers la laisse assonancée, populaire également. La typographie du texte est à scruter, à vérifier : il s'agit bien formellement de huit strophes d'un seul vers chacune, toutes les éditions sont catégoriques — et la textologie, en dépit de tous les structuralismes immanentistes, est à sa place ici aussi. L'impression générale est pourtant celle d'une laisse monorime. Les blancs strophiques entre chaque vers dictent seulement le rythme, chaque vers plus détaché qu'il ne serait s'il était pris dans une strophe unique.

A côté de la métrique et de la prosodie, toute une rhétorique, celle de la répétition, porte de même sa pierre à l'effet de simplicité presque provocant (ceux qui y ont réagi négativement sont loin d'être incriminables, ou hypersensibles; au contraire). Ces huit *Que voulez-vous?,* c'est la structure litanique chère à Eluard, plus d'une fois utilisée par désinvolture, par une sorte d'insouciance dans la composition littéraire traditionnelle (cf. *Les Sept Poèmes d'amour en guerre,* VII)[3]. Mais ici, comme souvent, comme dans *Liberté,* ceci est voulu comme une anti-rhétorique, comme la transmutation d'une *façon de parler* populaire, par une légère modification de son usage : ce qu'Eluard, depuis 1920, appelle un *proverbe,* et pratique avec un bonheur presque constant, jusqu'ici totalement inaperçu des criti-

---

2. Paris, Seghers, éd. [1951].
3. Paul ELUARD, *Choix de poèmes,* p. 297.

ques. Nul doute que la structure syntaxique répétitive : Nom + *était* + Adjectif, n'ajoute encore à cette simplicité.

On peut s'interroger pour savoir si la progression sémantique *porte, [pièce], rue, ville, nuit,* toute linéaire, n'y contribue pas aussi, si elle est réellement ressentie ou bien si elle est découverte **a posteriori,** par un raisonnement de ceux qui savent, par l'analyse de leur impression, qu'ils *doivent* chercher et trouver les structures porteuses de cette simplicité. C'est au moins mon hypothèse que nous sommes ici en face d'une illustration frappante de la difficulté qu'il y a à saisir tout ce qui est l'œuvre dans la forme du texte, et du risque qu'il y a, parallèlement, à inventer, par une opération de pure rationalisation, des corrélations imaginaires entre telle forme et tel effet.

Finalement, tout le monde, ou presque, est sensible à l'antithèse entre les sept premiers vers et le dernier. Antithèse d'une facilité tout hugolienne, uniquement portée par l'opposition des significations. En effet, le *nous* final ne s'oppose pas parfaitement à la série *porte, rue, ville, nuit,* puisqu'il apparaît déjà dans cette même série aux vers 2 et 6 ; la seule opposition formelle entre les sept premiers vers et le dernier, faible, imparfaite, mais suffisante, est l'opposition *était / sommes [aimés]*[4].

Ainsi donc, si on a éprouvé quelque chose à la lecture de ce poème, puis identifié et nommé ce quelque chose, on est en possession d'un critère qui permette — non sans tâtonnements si l'on est vraiment objectif — de découvrir dans le texte les structures (lexicales, sémantiques, morphologiques, syntaxiques, phonétiques, métriques, stylistiques) qui sont esthétiquement pertinentes ici, en ce qu'elles sont vraisemblablement les responsables de l'effet de simplicité produit. Cet effet, à son tour, on peut admettre qu'il entraîne l'adhésion. La simplicité formelle traduit, transmet ou recrée une émotion parente de celle du poème, avec sobriété et avec puissance, grâce à la force affective et oratoire essentiellement répétitive du texte. On peut admettre aussi que le lecteur — surtout s'il n'est sensible qu'à la forme technique du poème — y voie surtout de la rhétorique surréaliste obtenue par une espèce de pastiche de la poésie enfantine si souvent célébrée par l'École. Ici encore, pour

---

4. Il y a opposition des deux formes, mais non des sens : il s'agit de deux passés.

éclairer cette réaction comme pour justifier cette affirmation, l'histoire littéraire la plus traditionnelle sera nécessaire — et sera pertinente.

Mais le texte n'est pas une forme, n'est pas uniquement une forme qui trouverait sa fin propre en elle-même. Surtout pour Eluard, dont une autre anthologie s'intitule, il ne faut pas l'oublier, *La Jarre peut-elle être plus belle que l'eau?*[5] Les lecteurs, arrêtés ou gênés ou embarrassés par le ton d'excuse du poème (ce ton qui est une *forme,* le produit à la fois d'une intonation, d'une syntaxe et d'une stylistique), s'interrogent légitimement, non seulement sur la forme de leur émotion (sa coloration agréable ou non, sa force ou non, sa qualité ou non), mais sur la nature, ou sur la teneur, ou sur l'objet de cette émotion.

Interroger le texte à cet égard n'est donc pas moins légitime, si l'on part d'une réaction provoquée par le texte, que l'interroger sur sa forme. Alors, il *devient* pertinent de décrire la situation évoquée par le poème, c'est-à-dire de recourir à l'histoire au sens le plus large, d'évoquer la Résistance en 1942, le sort de Paris. A de jeunes lecteurs, il faudra sans doute expliquer *couvre-feu,* et pourquoi, et comment la ville était réellement *gardée, désarmée, matée.* Et les gens *affamés*[6] : ici, la référence à *Courage*[7] et aux *Raisons d'écrire, entre autres,* qu'Eluard a jointes en note à l'édition de ses poèmes dans *Au rendez-vous allemand*[8], est non seulement permise, mais nécessaire.

Il devient pertinent aussi de faire de la chronologie, d'observer que l'achevé d'imprimer de *Poésie et Vérité* est daté du 3 avril 1942, que c'est le moment où Eluard, « qui depuis plusieurs années ne militait plus, demande sa réinscription au parti communiste français, alors dans l'illégalité »[9].

---

5. Paris, Gallimard, [s.d.].
6. *Paris a froid, Paris a faim, Paris ne mange plus de marrons dans la rue...*
7. Une étude thématique des références à la faim, à la famine, au pain, chez Eluard et chez les autres poètes à cette époque, serait significative ici.
8. *Courage.* « Rude hiver que celui de 1940-1941. *Nous restâmes, à cause du froid, un mois sans ouvrir les volets.* Dans les queues, dans le métro, des vieilles femmes, des jeunes gens s'évanouissaient... » (*ibid,* Éd. de Minuit, 1944, p. 51). C'est sans doute dans cette note de *Courage* qu'on trouve la biographie, pour ainsi dire, de *Couvre-feu.*
9. Paul ELUARD, *Œuvres complètes,* Gallimard, La Pléiade, t. 1, p. LXX.

Il devient pertinent plus encore de méditer sur le titre du recueil. Eluard y reprend aux Allemands un titre allemand, celui du *Dichtung und Wahreit* de Goethe, écrit en 1813 quand l'Allemagne était occupée par Napoléon, dans la situation de la France en 1942. Mais, au-delà de cette récupération polémique du titre — qui a sa force pour le lecteur assez nourri d'histoire —, Eluard, fidèle à lui-même, redit une fois de plus par ce titre qu'il veut « amener l'esprit poétique en France dans des contrées mal appréciées jusqu'ici [c'est-à-dire amener l'esprit poétique], *à sa mère, la vie de tous les hommes...* »[10]. La poésie, c'est la vérité, la poésie dit la vérité, elle « a pour but la vérité pratique » et, en 1942, ce n'est plus Goethe et l'Allemagne qui ont droit à la possession de ce titre *Poésie et vérité,* c'est Eluard et la France. Mais en 1942, pour Eluard redevenu militant, la vérité ce n'est pas seulement la lutte, l'héroïsme. A côté de la vie civique, il existe toujours une vie privée. On n'est pas un héros, ou l'on n'essaie pas de devenir un héros vingt-quatre heures par jour. Il y a des moments de découragement, de dépression, peut-être de désespoir. Il ne faut pas farder la vérité 1942, parce que cette vérité est plus riche humainement (et donc poétiquement) que son idéalisation. Eluard n'oppose pas l'amour au courage ou l'amour au découragement : il dit tout l'homme de 1942, l'amour *et* le découragement. Le poète *a l'air* de s'excuser de parler de l'amour, de faire l'amour, en 1942 ; mais en fait il proclame le droit de puiser sa force à vivre partout où elle est, *même ailleurs que dans des raisons politiques.*

Écrit-il donc un poème anti-politique, anti-engagé ? Non pas, car son poème dit aussi l'amour *contre* le découragement : les forces de l'homme, et même de l'homme qui combat, viennent de toutes les sources, et pas seulement des raisonnements ou des sentiments politiques. *Couvre-feu* est un très grand poème politique, non pas, comme on pourrait croire, parce qu'il traite d'un thème politique, d'une « circonstance », la résistance aux Allemands de 1942, et qu'il en traite en prenant parti, d'une manière engagée. C'est un très grand poème politique parce que, comme *Comprenne qui voudra* (qui a l'air aussi d'un poème contre la Résistance, à cause de ses excès), il prend en compte tout l'homme, toute la vérité de l'homme

---

10. *Id., Ibid.,* p. 1616.

— et non pas ses seuls raisonnements politiques, ses petites raideurs politiques, ses étroitesses politiques à courte vue (l'art engagé contre la vie privée, le courage contre l'amour, etc.). En un certain sens, il y a dans *Couvre-feu* et *Comprenne qui voudra* plus de politique, et de politique meilleure, et plus haute et plus juste, que dans tous les écrits où, jusqu'ici, des dirigeants politiques (de Mao Tsé-tung à Jdanov, et même à Togliatti lorsqu'il dialoguait avec Vittorini, etc.) ont essayé de formuler les rapports entre l'art et la politique.

En face de cette exploration du lecteur par lui-même, de cette tentative de saisir les rapports vrais entre les effets d'un texte sur lui-même et les causes de ces effets situées dans le texte et hors du texte, toute autre méthode d'analyse est toujours externe et risque toujours d'être à côté. Par exemple, on a pu concevoir la connaissance du texte comme son insertion dans l'histoire tout court (ici, ce serait l'évocation de toutes les composantes historiques du surréalisme, la première guerre mondiale, la faillite intellectuelle des élites politiques, la « faillite » de la science, celle de la philosophie, celle de l'art, comme elles étaient perçues entre 1910 et 1920, etc.). Ou par l'histoire littéraire (ici, l'éclairage du surréalisme par tous ses ancêtres littéraires, lointains et proches, de Nerval à Lautréamont, de Rimbaud à Dada, de Sade à Hegel, etc.). Ou encore, plus étroitement, par l'histoire du texte : *Couvre-feu* a été publié dans la revue *Messages,* dans le cahier II de 1942, avant de l'être dans *Poésie et vérité.* Ce dernier volume contient dix-sept poèmes ; en 1946, *Choix de poèmes* n'en garde que six, dont celui qui nous occupe, etc. Et puis après ? Tout ceci ne fournit au plus que les extérieurs, les cadrages les plus externes du poème, la masse des matériaux qui peuvent ou pourraient éventuellement servir à éclairer le texte — ou à faire sur ce même texte les pires contresens. Mais seul le plaisir au poème, en fournissant les effets de celui-ci, fournit au lecteur la base objective grâce à laquelle, dans cette masse, il pourra choisir les seuls matériaux pertinents : ceux qui expliquent la relation de cause à effet entre le plaisir d'un lecteur et le texte, escorté de tout ce qui l'entoure — et qui est la culture du texte et celle du lecteur. Tout le reste est du non-pertinent.

CONCLUSION

SÉMIOLOGIES DES TEXTES LITTÉRAIRES

On pourrait penser qu'il existe des différences entre la « sémiolo-gie[1] des romanistes » (Barthes, Eco, Brémond, Coquet, etc.) et celle des autres groupes linguistiques. Par exemple, celle des romanistes découle de Saussure, lequel était, semble-t-il, tout orienté vers la sémiologie de la communication telle qu'on l'évoquera ci-dessous ; mais il ne faut pas oublier que les travaux de Saussure concernant les anagrammes dans la poésie, et même la prose, latine et grecque, ainsi que ses travaux sur la mythologie des *Niebelungen,* sont récla-més par les sémiologues de la signification, même s'ils sont sans aucun rapport avec ce que Saussure appelait sémiologie (Mounin, 1974). Par exemple aussi, on pourrait penser que la sémiologie des Anglo-Saxons (au sens large) dérive entièrement de Charles Sanders Peirce et de sa théorie générale des signes, tout à fait étrangère à Saussure (et réciproquement) : ce serait une sémiologie extrêmement large, philosophique, épistémologique, au-delà même des sémiolo-gies de la communication et de la signification, sans lien avec la sémiologie des textes littéraires ; mais il ne faut pas oublier, d'une part que l'influence de Peirce est très tardive et ne crée pas la sémiologie anglo-saxonne — et d'autre part que Peirce essaya très curieusement de donner une équivalence « graphologique » ou « calligraphique » de la signification du *Corbeau* d'Edgard Poe. Ma-nifestement, la sémiologie anglo-saxonne au sens large, tout orientée

---

1. Au départ, dans l'usage français, le mot *sémiotique* est un simple calque de l'anglo-saxon *semiotics,* plus fréquent que *semiology* (lequel existe) comme équivalent de *sémiologie,* entendu comme science générale des signes. Autour de la pensée d'Eric Buyssens, il y a eu une tendance pour spécialiser l'usage des deux termes, la sémiologie restant la science générale, et chaque système de signes distincts étant alors une sémiotique (sémiotique cinématographique, musicale, picturale, littéraire, zoosémiotique, etc.). Autour de Greimas, on a pu percevoir une autre tendance : abandonner à *sémiologie* le champ de la sémiologie de la communication, réserver *sémiotique* pour le domaine de la sémiologie de la signification. Dans les milieux littéraires, actuellement, il y a tendance à considérer que le terme *sémiotique* (ou, chez Kristeva, *sémanalyse*) triomphe et couvre les deux domaines, effaçant peu à peu *sémiologie.* Mais beaucoup de linguistes restent fidèles à ce dernier terme, dans l'une des deux significations ci-dessus, ou même dans les deux. On aura donc toujours intérêt à bien définir le concept qu'on utilise sous chacun de ces termes.

vers la communication non verbale, la zoosémiotique, la kinésique, la proxémique, la *face-to-face interaction,* doit beaucoup plus, même méthodologiquement, à ses psychologues et à ses anthropologues qu'à Peirce, et elle a peu développé la sémiologie des textes littéraires. Au contraire, à partir de Barthes, et sans doute d'une lecture erronée de Saussure, on peut dire que cette sémiologie des textes littéraires fleurit de façon luxuriante dans l'Europe romane (y compris ses terres en Amérique du Sud). Ici non plus la filiation scientifique ne connaît guère la ligne directe. Les travaux roumains sur la « signification » des dessins des tapis, par exemple, quelle en est la source réelle?

On serait aussi embarrassé de caractériser la sémiologie des romanistes par rapport à celle des chercheurs soviétiques, nourris de tous les courants mondiaux, auxquels ils ajoutent une forte composante mathématique, pratiquement inconnue ailleurs malgré quelques simulacres terminologiques : nulle part, me semble-t-il, on ne trouverait l'équivalent des recherches de M. I. Lekomčeva sur la sémiologie de la chiromancie, ou de celles de T. V. Civjan sur la répartition des places dans les repas diplomatiques[2].

La conclusion provisoire à tirer de cet essai de caractérisation, c'est qu'il est sans doute encore trop tôt pour cerner les traits spécifiques de la « sémiologie des romanistes », par contraste avec celle des autres. Des panoramas descriptifs, comme celui qu'on propose ici, sont sans doute une étape préliminaire obligée.

Il est donc nécessaire de mettre ce titre au pluriel : *sémiologies* du texte littéraire. Déjà, tout le monde est d'accord aujourd'hui pour admettre qu'il existe au moins deux sémiologies profondément différentes : celle de la communication et celle de la signification. Nous montrerons même que celle-ci se divise à son tour en courants, dont il reste difficile de démontrer la parenté théorique ou méthodologique.

La sémiologie de la communication étudie l'ensemble des moyens, ou systèmes, de communication entre les hommes, et peut-être entre les animaux. Ces moyens et ces systèmes sont nombreux, depuis l'affiche publicitaire jusqu'à la pantomime, et depuis

---

2. Umberto Eco, Éd. *Lo Strutturalismo e i sistemi di segni,* Milan, Bompiani, 1969.

le code maritime par pavillons jusqu'aux pupitres de commande des gigantesques usines automatisées. Par exemple, l'ensemble très organisé et aujourd'hui très complexe des repères que les hommes ont mis au point pour assurer l'orientation de n'importe qui, dans les grandes villes, est un de ces systèmes, par où l'homme répond à un besoin de communication très limité, aussi étroit mais aussi important que celui de l'orientation chez les abeilles. Dans la sémiologie de la communication, le point de départ essentiel est l'intention de communication socialisée par une pratique (gestes de politesse), par un medium (affiche) et/ou par un code. Il y a communication au sens technique et propre, parce qu'il y a un émetteur et un récepteur, reliés par un message *qui est produit et perçu comme tel*. Les langues naturelles humaines constituent seulement le plus anciennement étudié de ces codes (cf. Buyssens 1943, Prieto 1966, Prieto 1968, Mounin 1970, J. Martinet 1973).

Il est moins aisé de définir les sémiologies de la signification, parce qu'elles sont plus récentes et surtout parce que la plupart, malgré leurs emprunts aux terminologies linguistiques ou mathématiques, ne sont pas construites scientifiquement. Elles participent encore beaucoup de l'intuitionnisme, de l'empirisme et de l'essayisme qui caractérisent l'analyse et la critique littéraires, dont elles procèdent historiquement.

Le seul caractère commun de toutes les sémiologies de la signification nées jusqu'ici est probablement celui-ci : quand il s'agit d'une œuvre littéraire, elles ne s'intéressent pas essentiellement à la signification linguistique véhiculée par l'ensemble des phrases qui constituent ces œuvres, signification superficielle manifeste, apparente, décodable par la seule connaissance du vocabulaire et de la grammaire de la langue employée. Elles s'intéressent au contraire — et ceci les apparente à toutes les activités antérieures sur la littérature, englobées sous le nom de critique — à des significations non manifestes, non apparentes, plus profondes et, croit-on, plus importantes, des textes qu'elles étudient. Ce qui les distingue entre elles, ce sont les théories qu'elles construisent, et les méthodes qu'elles proposent, pour découvrir ces significations latentes, non perceptibles au premier abord par tous les lecteurs.

Personne ne conteste la légitimité de ces deux attitudes scientifiques appliquées au même objet, le texte littéraire. Tout le monde est même d'accord, avec Dewey et bien d'autres philosophes, pour dire que tous les produits de l'homme : lois, rites, monuments, structures économiques et sociales, etc., ont une signification (anthropologique) profonde, inaccessible et irréductible à la simple description. Tout le monde est aussi probablement d'accord pour admettre que, dans une œuvre littéraire, il y a communication (par des moyens qui restent à déterminer) d'une signification globale; et que cette signification postulée est accessible partiellement grâce à l'outil linguistique, et partiellement grâce à d'autres instruments dont la mise au point se poursuit. Le vrai problème, et le plus mal aperçu, est celui-ci : y a-t-il vraiment isomorphisme entre les concepts et les lois que découvre la linguistique dans l'analyse de la communication d'une part, et les concepts et les lois qui régissent l'analyse des significations qu'on peut extraire d'un texte littéraire d'autre part? Presque toujours cet isomorphisme est postulé ou posé au départ sans démonstration, d'où l'emprunt mécanique et hasardeux des concepts de signe, signifiant, signifié, paradigme, syntagme, structure, etc.

Le seul chercheur qui ait tenté de comprendre pourquoi la production des significations anthropologiques (et donc des textes littéraires) fonctionnerait comme la production des signes linguistiques est sans doute Luis Prieto (1966, p. 5-10)[3]. Il suggère que cet isomorphisme proviendrait de ce fait : la construction et le fonctionnement du signe linguistique sont fondés sur des oppositions (c'est-à-dire sur le jeu de deux univers du discours, la classe à laquelle appartient le signal s'opposant à sa complémentaire, et toutes deux découpant dans un autre univers deux classes complémentaires). L'activité pensante, ou cognitive, de l'homme fonctionnerait elle aussi par l'établissement d'oppositions qui soumettent les objets constituant l'univers (de son discours) à une classification. Les connaissances (les pensées, etc.) seraient construites comme les signes, sur des oppositions de traits pertinents.

Cet isomorphisme, qui est placé très bas, à la racine des deux opérations, ne justifie pas encore un emprunt massif, car il ne serait pas fondé, de tous les concepts de la linguistique en matière de sémiologie de la communication. Tout au plus notera-t-on qu'en

---

3. Voir aussi l'article « Semiologia », à paraître dans l'*Enciclopedia del Novecento*. Treccani éd.

opposant les indices, sur lesquels se fonde la construction de la signification anthropologique d'un fait donné, aux signes du langage, Prieto retrouve la *semiosis* de Peirce (selon qui la signification par interprétation des *index* ne serait qu'une partie de la *semiosis*, celle dans laquelle le monde extérieur est l'émetteur, et celui qui perçoit l'index — l'interprète — est le récepteur). Granger (1968, p. 127) a observé justement que l'interprétation des indices, qu'il appelle sa sémiologie II (*ibid.*, p. 141) n'est rien d'autre que l'activité scientifique — c'est-à-dire la construction de la connaissance, activité cognitive.

Cette clarification qui va de Peirce à Prieto et à Granger n'a pas encore pénétré dans la réflexion épistémologique des sémiologues de la littérature, à qui elle suggérerait qu'ils sont en train, sous un autre nom, d'essayer de fonder la science de la littérature.

On examinera maintenant les diverses méthodes qui sont aujourd'hui proposées pour extraire d'un texte littéraire certains *indices* (et non *signes*) significatifs (d'un certain point de vue), et pour découvrir ou construire une signification de ces indices qui serait l'explication scientifique de l'œuvre littéraire, plus profonde et plus cohérente que les explications traditionnelles de cette œuvre.

Expliquer une œuvre littéraire, de ce point de vue, c'est donc découvrir les structures qui rendent compte de la construction *et du fonctionnement* de cette œuvre comme œuvre, étant entendu que ces structures sont, soit les relations entre des éléments découpés dans le texte de l'œuvre, soit des relations entre ces éléments et des faits, extérieurs à l'œuvre mais qui rendent compte de la présence de ces éléments dans cette œuvre.

Un premier type de recherches, tout à fait légitime, considère la « signification » de l'œuvre comme l'ensemble des relations qui rattachent celle-ci à son auteur : ce serait une sémiologie génétique. Ces relations sont farouchement niées par Valéry (1924), Bachelard (1939), Roland Barthes (1963, 1966) et beaucoup d'autres tenants d'une sémiologie de la littérature. Notamment le recours à la biographie est cloué au pilori. « Vaincre [...] l'apparent désordre de l'œuvre, écrit Jean-Pierre Richard (1961), la critique n'y parviendra pas en la rapportant à une autre incohérence : celle d'une vie, dont l'œuvre procéderait » (p. 23) ; et encore : il faut « trouver cette unité,

177

qu'offusquent souvent les accidents biographiques, ou les pressions extérieures de l'histoire » *(ibid.)*. Il y a là une attitude polémique qui, essentialiste et métaphysique au fond, voudrait que les problèmes humains soient résolus selon des vérités fixes, éternelles et simples : on oppose à l'idée (supposée) que la vie et l'histoire de l'auteur expliquent *toute* l'œuvre, l'idée que cette vie et cette histoire n'ont *rien* de commun avec l'œuvre, position profondément anti-dialectique, qui revient à rêver que les faits humains et sociaux n'aient qu'une seule cause. En réalité, il y a toujours des rapports entre l'œuvre et l'auteur, rapports divers, complexes, à des niveaux variables selon les auteurs et les œuvres. Tout le problème, qui n'est pas simple, consiste à mettre en relation, de l'auteur à l'œuvre, seulement les faits qui ont une valeur explicative réelle, c'est-à-dire une pertinence du point de vue du fonctionnement de l'œuvre. Avant de déployer des trésors d'ingéniosité historique pour savoir si *Iphigénie* a été écrite en 1673, il est important de savoir s'il est important de connaître la date de l'œuvre pour l'expliquer.

Ceci revient à prononcer une réhabilitation raisonnable de l'histoire littéraire[4], y compris la chasse aux sources et aux influences. Pour comprendre et pour expliquer *Les Nourritures terrestres* il vaut mieux savoir les relations de Gide avec le symbolisme décadent : Nathanaël a *voulu* être le contraire de Des Esseintes. Pour répondre à une question esthétiquement pertinente sur *Les Nourritures terrestres* (d'où viennent, par exemple, ce goût de *Mille et une Nuits* qu'elles ont, pour certains lecteurs à l'oreille fine ?), il faudra sans doute accumuler toutes les présomptions possibles internes au texte, d'abord ; mais il faudra aussi relire toutes les *Mille et une Nuits* ; et pour le faire, trancher pour savoir si Gide les a lues dans le texte de Galland ou dans celui de Mardrus, ou successivement dans les deux : problème d'histoire littéraire pure, de dates de rédaction et de publication pour Mardrus, et même de biographie (Gide a-t-il connu Mardrus ?). Il y a donc des cas, et même beaucoup, où c'est l'apport de l'histoire littéraire qui est pertinent pour répondre aux questions posées au texte. Le malheur de l'histoire littéraire, c'est qu'elle ne

---

4. Voir à ce sujet Roger FAYOLLE, « D'une histoire littéraire à l'histoire des littératures » dans *Scolies, 2,* 1972, p. 7-23. Voir aussi la Préface de sa thèse *Sainte-Beuve et le XVIIIe siècle,* P., A. Colin, 1972.

peut jamais deviner d'avance ce qui, dans les matériaux qu'elle exhume inlassablement, sera littérairement, puis esthétiquement pertinent ou non. Ceci la condamne à ces énormes fouilles qu'on lui reproche. Mais surtout cela lui fait courir le péril d'oublier pourquoi elle cherche, et de faire de l'histoire pour de l'histoire. C'est le risque où sont tombés tant d'épigones de Lanson. Tout absorbés par le premier temps de la recherche — amasser le plus de documents possible —, ils oublient le second temps : trier dans ces matériaux ce qui est pertinent pour mieux lire l'œuvre.

Ils ont d'ailleurs été encouragés dans cette hérésie par le triomphe de l'histoire comme science humaine pilote au XIXᵉ siècle, à partir du moment où Renan écrivit dans *L'Avenir de la science* (1848) que la compréhension historique des œuvres allait se substituer de plus en plus à l'admiration des chefs-d'œuvre. Or, comme on le voit, les théoriciens de la critique et de la sémiologie sont eux aussi dans une histoire, et d'autant plus conditionnés par elle qu'ils s'en croient protégés. A côté de l'histoire littéraire au sens le plus large du terme, il faut donc admettre aussi, au nom de la sémiologie génétique, l'investigation psychologique, qui n'est qu'un aspect de la biographie. Et il faut classer ici aussi les investigations psychanalytiques (Charles Mauron, le plus systématique entre beaucoup d'autres, avec la psychocritique), pour les mêmes raisons : ce n'est pas possible de prédire que ces investigations n'apporteront rien dans la découverte de relations, entre une œuvre et un auteur, relations qui soient pertinentes à tel ou tel niveau, celui des thèmes, celui de la structure compositionnelle, celui des personnages, celui du style (Mauron, 1967). Il restera toujours — et c'est là une exigence qui ne s'adresse pas à l'histoire littéraire seule — à démontrer que la pertinence de tel fait à tel niveau retentit finalement sur le fonctionnement esthétique de l'œuvre.

Un autre type de recherches considère la « signification » de l'œuvre comme l'ensemble des relations qui rattachent celle-ci à la société dans laquelle baignait l'auteur. Il s'agit donc encore de sémiologie génétique, mais ici la genèse de l'œuvre — qui rend compte de sa structuration comme œuvre — remonte, à travers l'auteur, jusqu'aux conditionnements sociologiques qui l'ont fait ce qu'il est comme homme, comme écrivain, comme créateur ou novateur.

C'était déjà la thèse de Taine, avec les instruments sociologiques de son époque. Et c'était aussi l'une des directions de l'histoire littéraire traditionnelle, qui ne négligeait jamais l'histoire de l'époque ni du milieu de l'auteur, jusques et y compris le milieu idéologique, étudié, par rapport à l'auteur, sous le nom d'histoire des idées.

Cette position est maintes fois celle de Roland Barthes, bien que sa théorie et sa méthode d'analyse (presque impossibles à définir scientifiquement) soient des syncrétismes où l'on trouve à peu près tout par définition. Il se dresse contre toutes les investigations qu'on fait autour de l'auteur et de l'œuvre (cf. par exemple, 1966, p. 19 et *passim*), mais il recourt sans cesse à l'explication de l'œuvre (et de la critique de l'œuvre, qu'il voit elle-même comme une œuvre) par la société. Qu'on prenne les *Essais critiques* (1963), typiques à cet égard : ainsi le chapitre « Littérature et métalangage » (pp. 106-108). Pour expliquer que la littérature actuelle est enfermée dans « la question œdipienne par excellence : qui suis-je ? » (p. 108), ce qui « lui interdit par le même mouvement la question dialectique : que faire ? » *(ibid.)*, il recourt à un grand et rapide panorama *historique,* qui est un survol de la critique et de la littérature françaises depuis cent ans. Il y voit et il y sélectionne Flaubert, Proust, le surréalisme et Robbe-Grillet pour montrer que « l'on passe avec eux progressivement d'une époque, ou d'époques, où « la littérature ne réfléchissait jamais (?) sur elle-même » (p. 106) à une époque où elle ne réfléchit que sur elle-même. Et il essaie de montrer que ce « procès de la bonne foi littéraire » (p. 106) coïncide « probablement avec les premiers ébranlements de la conscience bourgeoise » *(ibid.)* ; et que ceux-ci expliquent celui-là : la littérature actuelle (française) est enfermée dans son « qui suis-je » parce que « notre société, enfermée pour l'instant dans une sorte d'impasse historique » (p. 107) « ne [lui] permet » que cet enfermement. Ne pourrait-on dire, en cet endroit comme en cent autres, que Barthes n'a pourfendu l'histoire littéraire traditionnelle que pour en proposer une ou plusieurs autres à la place — et qui seraient probablement très bonnes (elles sont toujours intéressantes) s'il documentait et démontrait ses hypothèses, au lieu de suggérer, d'esquisser, c'est-à-dire de faire une « sémiologie du monde bourgeois » sans obligation ni sanction.

Cette espèce de sémiologie génétique, qui tente toujours de caractériser et/ou d'expliquer la signification des œuvres par leur mise en relation avec une société donnée, s'est souvent considérée comme une sociologie de la littérature. En ce sens, toute la critique littéraire marxiste active mais dépourvue de représentants de première grandeur en France[5], serait une sémiologie de la littérature. C'est sans doute (après Henri Lefebvre) Lucien Goldmann (1955, 1964, 1966, 1968 a), disciple de Lukasz et marxiste dissident, qui est le chercheur le plus typique en ce domaine. Il essaie toujours, par de longues et solides constructions historiques, sociologiques et idéologiques, de prouver que la structure d'une œuvre, dans la mesure où elle est significative, est toujours le reflet des structures sociales (relayées par les « catégories mentales » et les « visions du monde » de la société en cause) au milieu desquelles elle a pris naissance. Lui aussi est contre le psychologisme traditionnel et contre la biographie, mais parce qu'ils sont des bases d'investigations trop étroites. Les contenus et même les formes des œuvres révèlent donc les sociétés qui les ont conditionnés. Par exemple, la société capitaliste de la seconde moitié du XXe siècle est de plus en plus aliénée, de plus en plus dégradée. Le nouveau roman, peut-être consciemment, détruirait les structures romanesques traditionnelles pour faire dans son domaine ce que le capitalisme fait dans le sien ; et, ce faisant, il dénoncerait celui-ci. On pourra se reporter aussi à l'explication des pièces de Jean Genêt dans *Contribution à la sociologie de la connaissance* (1968 b). A partir de *Pour une sociologie du roman* (1964), Goldmann définit d'ailleurs sa méthode comme « génétique-structuraliste ».

La *sémanalyse* de Julia Kristeva est sans doute à ranger aussi dans cette catégorie de sémiologies, au moins pour l'essentiel. Elle est encore moins facile à saisir que la théorie générale de Roland Barthes, parce qu'elle est au confluent de toutes les terminologies prestigieuses du moment, depuis le telquelisme jusqu'à la psychanalyse lacanienne, depuis la linguistique structurale jusqu'à l'épistémologie, depuis le marxisme le plus en pointe jusqu'aux mathématiques les plus modernes (employées d'ailleurs avec une fragilité certaine : on lira les pages accablantes que Jacques Roubaud et Pierre Lusson

---

5. Il faut signaler les travaux, sur Balzac, d'André Wurmser, et ceux de Pierre Barbéris, très représentatifs.

ont consacrées aux mathématiques kristeviennes dans le n° 41-42 d'*Action poétique*, 1969, pp. 57-61).

Quoi qu'il en soit, il n'y a nul doute que Kristeva ne veuille se situer dans le domaine des sémiologies de la signification : puisque, selon Saussure, « la langue n'est qu'un système particulier » dans le vaste champ de la sémiologie, il y aurait « possibilité pour la sémiotique de pouvoir échapper aux lois de la signification des discours comme systèmes de communication, et de penser d'autres domaines de la signifiance » (1969, p. 18). Cette signifiance est bien la signification (d'un texte littéraire, par exemple) obtenue en dehors de la signification linguistique primaire, un « résidu » ou un « surplus » (*ibid.*, p. 376). La sémanalyse est ainsi définie comme « théorie de la signification extralinguistique textuelle », la recherche de la signifiance. Mais l'accès à la signifiance est toujours défini, lui, de façon sybilline, non opératoire, en termes de « production », de « travail » sur le texte, dont voici un échantillon, peu propre à livrer des procédures scientifiques : « Le *texte* creuse dans la surface de la parole une verticale où se cherchent les modèles de cette signifiance que le langage représentatif et communicatif ne récite pas même s'il les marque. Cette verticale, le texte l'atteint à force de travailler le signifiant » (*ibid.*, p. 9)[6]. Tout ce travail, à travers une formalisation et une axiomatisation des systèmes de signifiance — travail qui permettrait à la sémiotique/sémanalyse d'être « une science critique ou une critique de la science » — aboutirait d'ailleurs à cet ultime résultat : la sémiologie serait une « science des idéologies ». Ce qui nous ramène à la signifiance comme ensemble des indices qui, dans une œuvre, révèlent l'influence de la société qui la sécrète, non loin du marxisme et de Goldmann, avec infiniment moins d'exemples d'application de la théorie.

On peut penser que toutes ces tentatives de sémiologies sociogénétiques ont raison, contre les extrémistes de l'étude immanente des œuvres, de postuler qu'il existe des relations démontrables entre l'œuvre et la société qui l'a vue naître. Tout le problème, ici aussi, serait d'être attentif au niveau où intervient l'explication

---

6. Si cet amphigouri veut faire allusion aux *Anagrammes* de Saussure, ce qui n'est pas impossible, il n'en vaut pas mieux méthodologiquement, comme on l'a vu ci-dessus, pp. 96-103.

sociologique (qu'elle fasse intervenir une donnée économique, politique, sociale, idéologique, etc.).

Par exemple, la quasi-disparition de la nouvelle courte en France, alors que ce genre littéraire a été florissant au XIXᵉ siècle, ressortit sûrement à des facteurs sociologiques, liés à l'évolution de la presse (ce qui apparaît bien si on examine en regard le sort contraire de la *short story* américaine). Dans ce cas, l'explication économique et sociologique intervient, au niveau de l'histoire d'un genre littéraire. Lorsque, comme Goldmann, on essaie de démontrer que la structure du *Balcon* de Jean Genêt reflète « la prise de conscience de l'importance de l'exécutif dans une société depuis longtemps dominée et dirigée par cet exécutif et par les propriétaires, mais dans laquelle les hommes s'imaginent encore le pouvoir sous les figures traditionnelles et depuis longtemps dépassées de l'évêque, du juge et du général » (1968 b, p. 125), nous sommes à un niveau plus élevé, car la structure de cette pièce peut être un élément esthétiquement pertinent, c'est-à-dire une des causes de son action sur le spectateur.

Toutes les relations entre l'œuvre et la société ne sont pas pertinentes au même niveau. Le fait que le *Journal* de Gide confirme que celui-ci a connu personnellement le docteur Mardrus, et qu'il l'a même aidé à corriger les épreuves du premier volume de sa traduction des *Mille et une Nuits* n'est pertinent qu'au niveau de la biographie et de l'histoire littéraire, s'il se vérifie qu'il n'y a aucun rapport entre cette traduction très fin-de-siècle et *Les Nourritures terrestres*. Le fait que le livre porte en épigraphe une citation du Coran est déjà un indice d'un rapport possible, mais une présomption seulement, à la limite entre preuve externe et preuve interne, au niveau de la pertinence historico-littéraire des sources. Le fait que Gide y nomme « les confitures sèches » de Bagdad est une présomption de plus, elle aussi totalement interne. Mais le fait qu'il y ait des « célébrations » poétiques de fruits[7] dans *Les Nourritures terrestres* comme dans les *Mille et une Nuits,* outre sa pertinence sur le plan des sources, a une pertinence sur le plan esthétique — surtout si on établit que ces célébrations ont des structures linguistiques et stylistiques sembla-

---

7. Présomption à la fois d'ordre interne et externe (dans la mesure où ces fragments poétiques n'étaient pas traduits chez Galland, et sont révélés dans toute leur étendue et leur originalité chez Mardrus).

bles dans les deux ouvrages. Ceci prouve au moins que Gide a cherché ou rencontré le ton *Mille et une Nuits.* Ce ton est esthétiquement pertinent pour les lecteurs qui ont été sensibles à la couleur orientale des *Nourritures* et y ont vu ou senti sans toujours l'analyser une des valeurs poétiques du livre. En effet, ne sont esthétiquement pertinents, par définition, que les traits de l'œuvre qui produisent un effet sur un lecteur : l'esthétique est née comme science des effets produits par les œuvres, ces effets se trouvant être, diachroniquement et synchroniquement, les seules preuves objectives des qualités de l'œuvre.

Un troisième type de recherches en sémiologie littéraire considère la « signification » (ou la *signifiance*) de l'œuvre comme le produit exclusif des relations que tous les éléments de l'œuvre entretiennent entre eux. C'est donc encore une sémiologie génétique qui se trouve proposée. Mais à la différence des deux précédentes, qui cherchaient l'explication génétique hors de l'œuvre (dans l'auteur, dans la société), cet autre type de sémiologie cherche à l'œuvre une explication strictement interne. Toutes les « causes » de l'œuvre comme œuvre sont alors affirmées comme étant internes à l'œuvre elle-même : elles sont à chercher dans sa seule structure, dans sa seule forme. L'analyse critique est donc *immanente,* c'est-à-dire que l'œuvre ne s'explique que par elle-même. C'est de cette sémiologie, latente chez Valéry et chez Bachelard, que partent les anathèmes contre tous les recours explicatifs externes, la biographie, l'histoire littéraire, etc. On peut penser que cette sémiologie littéraire avait son prédécesseur en Léo Spitzer (1970), et ne l'a guère reconnu comme tel. C'est sans doute à cause du fait que chez lui la recherche de l'« étymon spirituel » de l'œuvre — produit d'un esprit unique, qui en est le principe de cohésion interne — était contaminée par le recours à tout l'arsenal de l'explication philologique (de nature historico-littéraire) et par la volonté de faire déboucher cette œuvre dans une *Geisteswissenschaft* et dans une *Geistesgeschichte* : l'œuvre révélait toujours finalement quelque chose de l'époque (autre recours, donc, aux facteurs externes, sociologiques et idéologiques d'explication de l'œuvre).

Mais les vrais précurseurs historiques de cette sémiologie génétique interne ont été les formalistes russes des années 1910-1930. Leur histoire serait très intéressante et très importante, mais elle dépasse le cadre de cet exposé (voir à ce sujet Todorov, 1965, et les revues *Tel quel* et *Change*). Ils n'ont d'ailleurs été connus en Occident que très tard (Erlich, 1955, en sa traduction anglaise), assez mal, très sensiblement déformés sur le plan historique et théorique (voir à ce sujet Ladislas Stoll, 1966 et 1972). En fait, à côté d'Erlich, leur véritable introducteur a été Roman Jakobson (1963) qui a infléchi fortement la pensée extrêmement riche, voire contradictoire, des Eichenbaum, des Tynianov, des Chklovskij, Tomachevskij, Zirmunskij, Jakubinskij, etc., pour la faire cadrer avec son binarisme (métonymie et métaphore) et sa théorie des fonctions du langage.

L'idée que Jakobson retient des formalistes, et qu'il propage, est que le secret de la littérarité et de la poéticité d'une œuvre littéraire consiste uniquement dans sa forme — d'où le nom de l'école. « L'art est la somme des procédés stylistiques », écrivait Chklovskij dès 1919, dans une brochure intitulée *L'Art en tant que procédé* ; et Jakobson le paraphrase dans son texte de 1921, *Novejšaja russkaja poezija* : « Si la science de la littérature veut devenir une science, elle est forcée d'admettre le *priëm* [procédé] en tant que son seul héros. » Ce mot de *priëm*, procédé, synonyme de *forme,* deviendra, après 1950, et très légitimement, synonyme de *structure*. Ainsi, le tout de l'œuvre n'est que structure, il n'y a plus de distinction nécessaire entre forme et contenu[8].

Jakobson a tenté d'illustrer sa thèse par de multiples explications de texte, dans lesquelles il met en évidence les nombreuses symétries ou parallélismes positionnels (presque toujours dans le vers, ou dans la strophe), tantôt phoniques (rime, assonance, allitération, vocalisme, propriétés musicales), tantôt grammaticaux (répétition de singuliers, de pluriels, de féminins, de masculins, d'abstraits, de concrets, de déterminants, de déterminés, de temps verbaux, de pronoms, de propositions, etc.), tantôt lexicaux (paronymies, oxymorons, etc.), tantôt stylistiques (comparaisons, chiasmes, etc.) (Jakobson, 1962, 1966 a, 1966 b, 1967). La plus célèbre de ces démonstrations concerne *Les Chats,* le sonnet de Charles Baudelaire (Jakobson, 1962). Samuel Levin, qui part à la fois des intuitions de Paul Valéry et des formulations de Jakobson, a donné dans un excellent

---

8. Cf. « La poétique de Roman Jakobson » pp. 53-61.

petit livre la formalisation la plus pure et la plus rigoureuse de cette théorie des récurrences efficaces à des endroits privilégiés du vers, qu'il nomme des couplages d'équivalences positionnelles avec des équivalences phoniques et/ou sémantiques (Levin, 1962). En France, Jean Cohen a essayé de tirer de Jakobson et surtout de Levin une méthode encore plus générale et encore plus rigoureuse sur le plan conceptuel et sur le plan terminologique (Cohen, 1966). On peut joindre à ces noms celui de Nicolas Ruwet, bien que son point de départ soit l'analyse strictement distributionnelle harrissienne (mais les récurrences et les couplages sont des concepts distributionnels purs) (Ruwet, 1965); celui de Kibédi Varga, qui applique plus souplement, avec une grande richesse philologique, la notion d'attente frustrée, sous le nom de « **surprise** » (Kibédi Varga, 1963); et enfin celui de Michael Riffaterre qui, avec plus de distance encore vis-à-vis de Jakobson dont il est cependant tributaire au départ, essaie de fonder l'analyse sur la segmentation objective des « unités stylistiques » d'un texte, dont la « fonction stylistique » est constituée par le « contraste stylistique » qu'elles font avec le reste du texte; il pense ainsi réaliser l'analyse scientifique de la *defeated expectancy* jakobsonienne (articles écrits de 1960 à 1970, réunis dans Riffaterre, 1971).

Comme les structures de l'œuvre ne peuvent pas être réduites à ses seules structures métriques ou prosodiques, linguistiques et rhétoriques, d'autres chercheurs ont exploré d'autres structures significatives, ou signifiantes, de cette œuvre. Ainsi sont nés d'autres structuralismes littéraires, qui sont d'autres sémiologies de l'œuvre littéraire puisqu'elles cherchent bien des significations latentes, non manifestes, profondes, qui rendraient mieux compte de cette œuvre comme œuvre. Tout un courant, par exemple, né des travaux de Vladimir Propp sur les structures narratives du conte populaire russe, essaie de trouver — selon l'étiquette qu'il se donne lui-même — les « structures du récit », restreignant d'ailleurs a priori par ce singulier la richesse et la variété de ce qu'on pourrait trouver grâce à de telles investigations. Tzvetan Todorov (1967, 1968, 1969) et Claude Brémond (1974), Julien A. Greimas (1966) et J. C. Coquet (1969) sont sans doute les représentants les plus significatifs de ce courant, que Barthes rejoint quelquefois, comme il rejoint tout (Barthes, 1964).

186

Déjà, sans polémique aucune, on peut se demander si de telles recherches sont encore totalement sur le plan de la forme, du *priëm,* et si la prétention des formalistes russes (dont Propp est le contemporain et à qui il doit certainement quelque chose) à liquider l'opposition entre la forme et le contenu reste souhaitable ici ; car toute structure de récit ne s'analyse que comme une succession (c'est en cela qu'est la forme) de contenus, qui sont des événements et des relations entre personnages, c'est-à-dire des éléments richement sémantiques.

L'impossibilité de maintenir la coupure entre forme et contenu, et de nier l'intérêt de celui-ci au profit de celle-là (impossibilité qui condamne le nom et le dogme principal du formalisme) apparaît plus nette encore dans les travaux de la critique thématique. Cette critique, qui ne s'est jamais nourrie de linguistique et encore moins de linguistique hjelmslevienne, découvre toute seule que non seulement les formes de l'œuvre structurent celle-ci, mais qu'il existe aussi en elle-même une ou des structures du contenu. Car les thèmes sont tout entiers du côté de la sémantique de l'œuvre, même si celle-ci est appelée, comme par Hjelmslev, la forme du contenu.

Chez Georges Poulet, cette structuration des signifiés de l'œuvre part d'un conceptualisme purement philosophique, qui se refère volontiers aux « formes privilégiées » éternelles pour parler de thème (Poulet, 1950, 1961, 1963, 1966). Elle part essentiellement du lexique et de la psychanalyse chez Gaston Bachelard (1939) qui n'emploie ni le mot ni le concept de structure. Mais avec Jean-Pierre Richard, au contraire, la jonction entre analyse thématique et structuralisme se veut complète, les « thèmes originels » sont des « structures essentielles » dans une œuvre, ils permettent un « dévoilement structural », des « déchiffrements structuralistes » (Richard, 1961, pp. 17-18) ; la signification de l'œuvre est obtenue à travers la structuration des unités de sens, ou de contenu (la femme, la lumière, la vie, la mort, la joie, la musique, le vent, l'eau, etc.) que sont les thèmes. Lorsque les thèmes explorés dans l'œuvre sont d'origine psychanalytique, comme chez Roland Barthes (d'une façon peu systématique) et surtout chez Charles Mauron (1967), les structures qui organisent l'inconscient personnel, à travers ses métaphores obsédantes et ses phantasmes (ou ses mythes), sont mises en corrélation avec les structures dramatiques ou romanesques de l'œuvre, puisqu'elles en sont déduites.

L'analyse thématique est donc bien l'un des aspects de l'analyse formaliste ou structuraliste. Et comme elle cherche, elle aussi, sous le texte une signification plus profonde de celui-ci, c'est également une sémiologie de la littérature.

Un quatrième et dernier type de recherches sur l'œuvre littéraire vise à découvrir autrement le secret le plus caché de celle-ci. C'est donc encore une sémiologie de la littérature — mais son point de départ, au lieu d'être l'auteur ou la société ou le texte, est le lecteur. Ces recherches partent toutes, d'une manière ou de l'autre, de l'effet produit par l'œuvre sur le lecteur, comme étant la seule marque objective (même si elle est difficile à saisir et à analyser) du fonctionnement esthétique, et de la fonction esthétique du texte. En effet, ni les formes ni les structures ne suffisent à expliquer totalement ce qui, selon le mot de Jakobson, fait d'un message une œuvre d'art, puisque beaucoup d'œuvres, dont les formes et les structures (linguistiques, stylistiques, métriques, prosodiques, thématiques, de genre, etc.) sont parfaitement identifiées comme littéraires, ne possèdent pas ce pouvoir très particulier qu'on reconnaît à d'autres. Les chercheurs dont il s'agit maintenant postulent que ce qui fait d'un message une œuvre d'art est essentiellement l'empreinte personnelle que le locuteur réussit à donner au message.

L'originalité de cette sémiologie des œuvres littéraires réside dans la définition qu'ils proposent de cet écart, définition qui n'est pas celle de la tradition depuis Von der Gabelentz jusqu'à Pierre Guiraud. Luis Prieto semble encore très proche de cette définition traditionnelle lorsqu'il définit le style (qui est le secret de la signification proprement esthétique de l'œuvre) comme « la façon dont une opération est effectivement exécutée, dans la mesure où cette façon n'est pas la seule possible, et où elle a été par conséquent l'objet d'un choix de la part de l'opérateur » (Prieto, 1969, p. 9); surtout qu'il dévie rapidement vers une analyse où l'opérateur, dans une œuvre littéraire, est considéré uniquement en tant qu'exécutant (imprimeur, acteur, récitant, etc.) et non pas en tant qu'auteur d'une part, et lecteur de l'autre.

Les choses sont beaucoup plus claires chez Granger (1967, 1968) qui pose expressément qu'il y a style lorsqu'il y a « individuation du message ». Il entend par là que certains locuteurs-émetteurs détiennent le pouvoir de faire dire parfois par la langue — qui est par définition *sociale* — des choses qui expriment le vécu individuel, l'expérience du monde faite par l'individu dans son unicité et dans sa totalité. Le style réalise donc, pour Granger, le tour de force de contraindre la langue à exprimer « une connaissance de l'individuel » alors que la langue et la science ne peuvent être que la connaissance du général.

Martinet (1967) a indiqué comment ce paradoxe est *linguistiquement* possible. Il a montré que chaque signifié, qui renvoie à la dénotation d'un référent, possède aussi, dans l'expérience et dans la langue de chaque individu, des connotations : tout ce qu'un terme « peut évoquer, suggérer, impliquer, de façon nette ou vague, chez chacun des usagers pris individuellement » (*ibid., p.* 1290). Le style, ce serait le pouvoir de forcer la langue, aux limites du fonctionnement du code, à exprimer les connotations. Ainsi serait expliqué « ce qui distingue l'énoncé reconnu comme poétique, même s'il est en prose, d'un discours même versifié, parfaitement rythmé, riche en figures et en tropes, mais où ne jaillit jamais l'étincelle qui transfigure le message » (*ibid., p.* 1290). C'est lorsque le lecteur accepte et partage, en les identifiant comme siennes aussi, les connotations de l'auteur qu'il y a message esthétique, œuvre d'art, parce qu'il y a effet spécifique sur ce lecteur.

La base de la sémiologie littéraire devient alors l'exploration des réactions des lecteurs devant les œuvres. Michael Riffaterre a proposé une technique pour cette exploration : c'est ce qu'il appelait la constitution de l'archilecteur d'une œuvre. Il a par la suite abandonné le perfectionnement de cette procédure, qu'il avait esquissée seulement sur le cas de Baudelaire. Il faudrait en effet constituer des archilecteurs en synchronie, avant de les rassembler en diachronie ; ensuite, il faudrait étendre l'échantillon, constitué au départ de tout ce qui a été écrit sur une œuvre, et tenter d'élaborer des questionnaires (directifs, semi-directifs ou non directifs) pour obtenir un archilecteur formé sur les réactions des lecteurs qui n'écrivent pas. On commence à le faire[9]. Ainsi, par exemple en distribuant des question-

---

9. Cf. Pierre BOURDIEU, *Un art moyen.*

naires aux spectateurs après une représentation. Même si cette approche est difficile, il faut admettre que c'est probablement la seule qui soit objective. On remarquera d'ailleurs que c'est bien ainsi que se constitue empiriquement depuis toujours l'évaluation esthétique d'une œuvre, à travers les consensus approximatifs de la critique (en synchronie) et de l'histoire littéraire (en diachronie), qui ne sont autre chose que des archilecteurs rudimentaires.

On conviendra peut-être que la sémiologie littéraire fondée sur les réactions des lecteurs à l'œuvre est probablement celle qui peut cerner le plus objectivement le caractère spécifique de la littérature. En effet, les sémiologies génétiques externes (l'explication par l'auteur, et/ou par la société) et la sémiologie génétique interne (l'explication de l'œuvre par les formes et les structures) sont impuissantes à rendre compte à elles seules de la qualité esthétique de l'œuvre — qui est l'effet qu'elle produit, et non pas celui qu'elle devrait produire en vertu d'une rhétorique (formalisme) ou d'une idéologie (psychologique ou sociologique) (Mounin, 1969).

Mais ceci ne signifie pas qu'il faille rejeter les trois autres sémiologies littéraires au nom de la quatrième. Au contraire. Il faut bien apercevoir qu'il y a ou qu'il devrait y avoir entre elles quatre des relations d'interdépendance, un va-et-vient dialectique de causes et d'effets (Mounin, 1971). Lorsqu'on aura identifié dans une œuvre un effet esthétique objectivement certifié (pour un lecteur, une catégorie de lecteurs, une époque, etc.), il faudra toujours chercher où résident la ou les causes de cet effet (Mounin, 1974). Comme on l'a suggéré par divers exemples ci-dessus, l'analyse immanente formaliste, stylistique et thématique, l'analyse psychologique, psychanalytique, sociologique, historique, idéologique retrouveront alors tous leurs droits, mais à leur place hiérarchique exacte, quand elles seront pertinentes, et parce qu'elles seront pertinentes — au sens troubetzkoyen strict de ce terme (Mounin, 1974).

BIBLIOGRAPHIE SOMMAIRE

BACHELARD, Gaston, *Lautréamont*, Paris, José Corti, 1939.

BARTHES, Roland, *Essais critiques*, Paris, Le Seuil, 1963.

BARTHES, Roland, « Introduction à l'analyse structurale des récits », Paris, *Communications*, n° 8, 1964.

BARTHES, Roland, *Critique et vérité*, Paris, Le Seuil, coll. « Tel Quel », 1966.

BREMOND, Claude, *Logique du récit*, Paris, Le Seuil, 1973.

BUYSSENS, Eric, *Les Langages et le discours, Essai de linguistique fonctionnelle*, Bruxelles, Office de Publicité, 1943.

COHEN, Jean, *Structure du langage poétique*, Paris, Flammarion, 1966.

COQUET, Jean-Claude, « L'Analyse structurale du récit : *L'Etranger*, d'Albert Camus », Paris, *Langue française*, n° 3, 1963.

ERLICH, Victor, *Russian Formalism, History, Doctrine*, La Haye, Mouton, 1955.

GOLDMANN, Lucien, *Le Dieu caché*, Paris, Gallimard, 1955.

GOLDMANN, Lucien, *Pour une sociologie du roman*, Paris, Gallimard, 1974.

GOLDMANN, Lucien, *Sciences humaines et philosophie*, Paris, Denoël-Gonthier, 1966.

GOLDMANN, Lucien, *Littérature et société. Problèmes de méthodologie en sociologie de la littérature*, Bruxelles, Editions de l'Institut de Sociologie de l'Université libre, 1968 a.

GOLDMANN, Lucien, *Contribution à la sociologie de la connaissance*, Paris, Anthropos, 1968 b.

GRANGER, Gilles G., *Essai d'une philosophie du style*, Paris, Armand Colin, 1968.

GRANGER, Gilles G., *Pensée formelle et sciences de l'homme*, Paris, Aubier, 2e éd. 1967.

GREIMAS, Julien A., *Sémantique structurale*, Paris, Larousse, 1966.

JAKOBSON, Roman, « Analyse du poème *Revedere* de Mihai Eminescu », Bucarest, *Cahiers de linguistique théorique et appliquée*, I, 1962 (en collaboration avec B. Cazacu).

JAKOBSON, Roman, « *Les Chats*, de Charles Baudelaire », La Haye, *L'Homme*, II, 1962 (en collaboration avec Claude Lévi-Strauss).

JAKOBSON, Roman, *Essais de linguistique générale*, Paris, Editions de Minuit, 1963.

JAKOBSON, Roman, [avec P. Colaclides] « Grammatical Imagery in Cavafy's Poem 'Remember, Body' », La Haye, *Linguistics*, XX, 1966 a.

JAKOBSON, Roman, « L'Architettura grammaticale della poesia brechtiana », *Wir und Sie*, Milan, dans *Paragone* NS XVIII, n° 198, 1966 b.

JAKOBSON, Roman, « Une microscopie du dernier *Spleen* dans *Les Fleurs du mal* », Paris, *Tel Quel*, n° 29, 1967.

KIBEDI VARGA, Aron, *Les Constantes du poème*, La Haye, Van Goor, 1963.

KRISTEVA, Julia, *Séméïotiké. Recherches pour une sémanalyse,* Paris, Le Seuil, 1969.

LEVIN, Samuel, *Linguistic Structures in Poetry,* La Haye, Mouton, 1962.

MARTINET, André, « Connotations, poésie et culture », *To Honor Roman Jakobson,* t. 2, p. 1.288-1.294, La Haye, Mouton, 1967.

MARTINET, Jeanne, *Clefs pour la sémiologie,* Paris, Seghers, 1973.

MAURON, Charles, *Des métaphores obsédantes au mythe personnel. Introduction à la psychocritique,* Paris, J. Corti, 1963.

MAURON, Charles, « Les Personnages de Victor Hugo, étude psychocritique », *Œuvres complètes, édition chronologique* publiée sous la direction de J. Massin, t. II, p. I-XLI, Paris, Club Français du Livre, 1967.

MOUNIN, Georges, « Les Fonctions du langage », *Word,* vol. 23, n° 1-2-3, 1967.

MOUNIN, Georges, « La Mise en question du langage dans la littérature actuelle », Paris, *La Linguistique,* n° 1.968, 1, Presses Universitaires de France pp. 21-29.

MOUNIN, Georges, *La Communication poétique,* Paris, Gallimard, 1969.

MOUNIN, Georges, *Introduction à la sémiologie,* Paris, Editions de Minuit, 1970.

MOUNIN, Georges, « Structure, fonction, pertinence, à propos des *Nourritures terrestres* », Paris, *Cahiers André Gide,* n° 3, Le Centenaire, Gallimard, 1971, pp. 253-264.

MOUNIN, Georges, « Paul Valéry et Maurice Grammont », *Entretien sur Paul Valéry.* Actes du Colloque de Montpellier, les 16 et 17 octobre 1971, Paris, Presses Universitaires de France, 1972, pp. 125-133.

MOUNIN, Georges, « Débats actuels sur l'étude littéraire des textes en France », Lisbonne, Coloquio-Letras, n° 6, mars 1972.

MOUNIN, Georges, « Le *Lautréamont* de Bachelard », numéro spécial de *L'Arc,* n° 42, 1972.

MOUNIN, Georges, « Les *Anagrammes* de Saussure », Bologne, *Studi saussuriani,* coll. « Studi linguistici e semiologici », n° 1, Il Mulino, 1974, pp. 235-241.

MOUNIN, Georges, « La Poétique de Roman Jakobson », *L'Arc,* n° 60, 1975, pp. 64-69.

MOUNIN, Georges, « Mallarmé et le langage », *Europe,* numéro spécial, n° 564-565, 1976.

POULET, Georges, *Etudes sur le temps humain : 2. La distance intérieure 3. Le point de départ,* Paris, Plon, 1950.

POULET, Georges, *Les Métamorphoses du cercle,* Paris, Plon, 1961.

POULET, Georges, *L'Espace proustien, Essai,* Paris, Gallimard, 1963.

PRIETO, Luis J., « Sémiologie » dans *Le Langage,* coll. Encyclopédie de la Pléiade, 2ᵉ éd. A. Martinet, Paris : Gallimard, 1968.

PRIETO, Luis J., « Langue et style », Paris, *La Linguistique,* 1969, n° 1.

PRIETO, Luis J., *Messages et signaux,* Paris, Presses Universitaires de France, 1966, 2ᵉ éd. 1972.

RICHARD, Jean-Pierre, *L'Univers imaginaire de Mallarmé*, Paris, Le Seuil, 1961.

RIFFATERRE, Michael, *Essais de stylistique structurale*, Paris, Flammarion, 1971.

RUWET, Nicolas, « L'Analyse structurale de la poésie » (A propos d'un ouvrage récent), La Haye, *Linguistics*, 2, oct. 1963, p. 18-52.

RUWET, Nicolas, « Analyse structurale d'un poème français », La Haye, *Linguistics*, 3, janv. 1964, p. 62-85.

RUWET, Nicolas, « Sur un vers de Baudelaire », La Haye, *Linguistics*, n° 17, oct. 1965, p. 69-67.

RUWET, Nicolas, « Limites de l'analyse linguistique en poétique », Paris, *Langages*, n° 12, 1968.

SPITZER, Léo, *Etudes de style*, Paris, Gallimard, 1970.

STOLL, Ladislas, *O tvar a strukturu v slovesném umeni. K metodologii a svetonazorovym vychodiskem ruské formalni skoly a prazského literarniko strukturalismo*, Praha : Cs. spisovatel, 1966, 2ᵉ éd., 1972. (Sur la forme et la structure dans l'art littéraire. Contribution à la méthodologie et aux points de vue idéologiques de l'école formelle russe et du structuralisme pragois).

TODOROV, Tzvetan, *Théorie de la littérature*, Paris, Le Seuil, coll. « Tel Quel », 1965.

TODOROV, Tzvetan, *Littérature et signification*, Paris, Larousse, 1967.

TODOROV, Tzvetan, « La Grammaire du récit », Paris, *Langages*, n° 12, 1968.

TODOROV, Tzvetan, *Grammaire du Décaméron*, La Haye, Mouton, 1969.

VALÉRY, Paul, *Variété*, 1924, repris dans *Œuvres*, t. I, Bibliothèque de la Pléiade, Paris, Gallimard, 1957, (voir pp. 428, 1283, 1289).

193

TABLE DES MATIÈRES

Imprimé en Belgique par Casterman, s.a., Tournai, mars 1978. E. 5990-3720.
D. 1978/0053/29.